Engelhorn Bücherei

Manfred Rommels gesammelte Witze

Mit fünfzehn Zeichnungen
des Autors

Zusammengestellt
und herausgegeben von
Ulrich Frank-Planitz

Engelhorn Verlag Stuttgart

Die Deutsche Bibliothek – CIP-Einheitsaufnahme

Rommel, Manfred:
[Gesammelte Witze]
Manfred Rommels gesammelte Witze/
zusammengestellt und herausgegeben
von Ulrich Frank-Planitz. – 4. Aufl. –
Stuttgart : Engelhorn Verlag, 1997
   (Engelhorn-Bücherei)
   ISBN 3-87203-248-8

4. Auflage 1997
© 1997 Engelhorn Verlag, Stuttgart
Alle Rechte vorbehalten
Lektorat: Renate Jostmann
Typografische Gestaltung: Brigitte Müller
Druck und Bindearbeiten: Clausen & Bosse, Leck
Printed in Germany

ISBN 3-87203-248-8

Inhalt

7 Manfred Rommel:
Der Witz in der deutschen Rede

19 Gedanken im Witz

127 Ulrich Frank-Planitz:
Über Manfred Rommel und seine Witze

Manfred Rommel
Der Witz in der deutschen Rede

Dieses Buch soll eine Ermutigung sein – eine Ermutigung zur Verwendung des Witzes in der deutschen Rede. Sie braucht den Witz, denn sie hat meistens keinen. Entweder versucht der Redner, etwas, was nur er weiß, seinen Zuhörern mitzuteilen, damit diese es auch wissen. Aber die Zuhörer wollen in der Regel nichts Neues wissen; sie sind mit dem, was sie bereits wissen oder nicht wissen, recht zufrieden. Oder der Redner versucht, das, was die Zuhörer bereits wissen und für richtig halten, noch mal zu sagen. Das kommt in der Regel ganz gut an.

Sich Gehör verschaffen

Wenn solche Darlegungen aber eine Stunde oder noch länger dauern, dann hören die Zuhörer auf, solche zu sein, und beginnen sich die Zeit durch Atemübungen, Fußrollen, Abzählen der Lampen oder Schütteln der Armbanduhren zu vertreiben oder gar durch unvermuteten Applaus dem Gedanken Ausdruck zu geben, daß eine Rede auch einen Schluß haben sollte.

Die meisten Reden sind a dormir debout, zum

5 Min   10 Min   15 Min   20 Mi·

Der Zuhörer

stehend einschlafen, wie unsere französischen Freunde sagen. Wer von uns hat noch nicht den Kampf mit den eigenen Augenlidern durchgestanden und gelegentlich auch verloren. Wenn die Augenlider einmal zugefallen sind, dann gibt es gegen den Schlaf kein Mittel mehr – ein Zustand, in dem nach der Bibel zwar der Herr den Seinen gibt (*Psalm 127,2*), aber die Seinen nicht mehr Herr über die von ihnen ausgehenden Geräusche sind. Solche Geräusche können zwar mit Humor begabte Menschen amüsieren, aber den, der redet, und den, der sie produziert, erfreuen sie nicht. Er fühlt sich nicht wohl, wenn er durch einen Rippenstoß eines wohlmeinenden Nachbarn geweckt oder, durch Kichern und Gelächter aus dem Schlummer hochgeschreckt, auffährt, oftmals nicht ohne einen besonders eindrucksvollen Endton zu erzeugen.

25 Min   30 Min   40 Min.

Nutzanwendung: Als Redner erzähle man Witze. Denn diese halten wach. Aber was für welche? Hierfür gibt dieses Buch Tips und Hinweise. Das Buch ist kein wissenschaftliches Werk, was sich schon daran erkennen läßt, daß die Fußnoten fehlen. Es ist ein praktisches Buch. Es kann nutzen. Gleich zu Anfang sei festgestellt: Eigentlich tut es irgendein Witz. Auch ein sehr alter. Denn nach Nietzsche, dem alten Psychologen, besteht die Freude an einem

Kunstwerk auf einer einfachen Stufe in der Wiedererkennung dessen, was man bereits gehört hat. Das gilt auch für den Witz. Er braucht auch nicht im Sinnzusammenhang zu stehen. Es ist zwar ganz nett, wenn er steht, aber er muß nicht.

Ich habe als Staatssekretär im Finanzministerium des Landes Baden-Württemberg einmal an einem vom damaligen Bundesfinanzminister Helmut Schmidt geleiteten Hearing von unzufriedenen und ziemlich kritischen Steuerbeamten teilgenommen. Dieses Hearing wurde von Helmut Schmidt dadurch aufgelockert, daß er immer wieder einen Witz aus einem Buch vorlas, dessen Titel, wenn ich mich recht erinnere, »Humor im Finanzamt« hieß. Die Wirkung war erhöhte Aufmerksamkeit, erreicht wurde freilich weniger die Beruhigung der Gemüter, als die Resignation der Fordernden. Aber das war auch etwas wert.

Der Witz ist ein Mittel, um zu entkrampfen. Der Zuhörer entwickelt eine natürliche Feindseligkeit gegenüber dem Redner, weil dieser redet und er zuhören muß. Diese Feindseligkeit läßt sich mildern, wenn nicht sogar aufheben durch Witze. Wenn der Kassier verschwunden ist, und Sie dies als Geschäftsführer mit Grabesstimme den Gesellschaftern mitteilen, dann ist Ärger unvermeidlich. Aber wenn Sie zunächst einmal den Witz vom verschwundenen Kassier erzählen: *Der Kassier ist verschwunden. Haben Sie schon im Kassenschrank nachgesehen? Ja, da ist er aber auch nicht,* dann erzeugen Sie sofort eine aufgeräumte und heitere Stimmung, welche die Bekanntgabe der unangenehmen Nachricht wesentlich erleichtert. Die Kunst, unangenehme Nachrichten den Geschädigten mitzuteilen, ohne hiervon selber Nachteile erleiden zu müssen, ist lediglich der rechtzeitige Einsatz eines geeigneten Witzes. Bei Mißerfolgen, Pleiten, Katastrophen ist die gängige Entschuldigung: Es hätte noch viel schlimmer kommen können. Diese Entschuldigung ist zwar besser als gar keine, doch sie befriedigt und besänftigt wenig. Dies ändert sich, wenn *Witz 223* in Einsatz gebracht wird, den ich Lothar Späth verdanke: *Ein Stammtischbruder ging seinen Freunden dadurch auf die Nerven, daß er immer sagte: Das hätte noch viel schlimmer kommen können. Eines Tages passierte in der Nachbarschaft ein furchtbares Unglück. Ein Mann kam heim, überraschte seine Frau*

*mit einem Liebhaber, warf beide aus dem
13. Stock zum Fenster hinaus und sprang selber
hinterher. Als der Fall am Stammtisch besprochen wurde, sagte der Stammtischbruder wieder: »Es hätte noch viel schlimmer kommen
können.« Da ärgerten sich die anderen und
fragten ihn: »Was hätte da noch schlimmer
kommen können? Sie tot, Liebhaber tot und
Gatte tot?« Er meinte nur: »Vor zwei Tagen
war nämlich ich dort.«*

Der Witz dient nicht nur der Auflockerung, er
kann auch der Illustration und Hervorhebung
von Gedanken dienen. Jeder oder fast jeder
Witz enthält einen Gedanken. Oft ist der Gedanke banal oder eine Binsenweisheit. Aber
es sind gerade die Binsenweisheiten oder die
banalen Wahrheiten, die nicht beachtet werden, besonders nicht in der Politik, zum Bei-

So groß der Bedarf   So klein unsere Mittel

spiel, daß man nur das Geld ausgeben kann, das man hat, daß man Schulden verzinsen und zurückzahlen sollte, daß man denken soll, bevor man handelt, usw. Ich weiß nicht, woher die Vernachlässigung von banalen Wahrheiten kommt. Entweder wir meinen, daß die großen Geister der Menschheit sich mit diesen Fragen befaßt und auf sie gültige Antworten gefunden haben. Aber die großen Geister denken seit dem Erlöschen des philosophischen Idealismus nicht daran, sich mit banalen Fragen zu befassen. Oder wir meinen, Gott selber würde die banalen Wahrheiten in die eigenen Hände nehmen und dafür sorgen, daß sie sich durchsetzen. Doch aus der Wirklichkeit lassen sich nur wenige Hinweise darauf entnehmen, daß Gott dieses tut. Möglicherweise denkt er, er hätte die Menschen bei ihrem Abmarsch aus dem Paradiese gut mit Verstand ausgestattet und er könne eigentlich davon ausgehen, daß sie von diesem Gebrauch machen, auch im Umgang mit banalen Wahrheiten.

Der Witz ist auch eine Waffe in den Händen des politischen Redners. Er kann ihn nicht nur verwenden, um einen Konkurrenten lächerlich zu machen, sondern auch, um sich selber vor der Lächerlichkeit zu retten. Es ist menschlich verständlich, daß ein Politiker auf Versuche, ihn lächerlich zu machen, dadurch reagiert, daß er beleidigt ist. Das liegt nahe, ist aber unklug. Klug ist in solchen Fällen, so zu tun, als ob es einem nichts ausmacht. Noch klüger ist es, den Spieß umzudrehen und die Witze, die über einen verbreitet werden, selber zu erzählen. Die Möglichkeit, störende Witze durch Verbote oder noch drastischere Maßnahmen zum Schweigen zu bringen, hat der Politiker in der Demokratie nicht. Der Witz von Radio Eriwan: *»Stimmt es, daß Genosse Stalin die Witze sammelt, die über ihn erzählt werden?«* *Antwort: »Im Prinzip ja, aber er sammelt auch die, welche sie erzählen.«* hat bei uns keine reale Grundlage. Wenn beispielsweise, wie das weltweit üblich ist, über einen Politiker Witze verbreitet werden, die ihn als nicht sehr gescheit darstellen, ist dieser gut beraten, wenn er möglichst oft einige dieser Witze erzählt und hinzufügt, daß er zwar, wie diese Witze zeigen, nicht besonders gescheit sei, daß er aber im Unterschied zu seiner politischen Konkurrenz imstande sei, einige Grundwahrheiten zu erkennen und nach dieser Erkenntnis zu handeln.

Eigentlich läge der Schluß nahe, daß die politische Konkurrenz noch dümmer sei, aber er wolle wegen der politischen Kultur diesen Schluß nicht ziehen, wenigstens nicht öffentlich. Dann kann er erzählen, was er auch sonst erzählt. Auch wirkliche Mängel lassen sich dadurch überspielen, daß der, der sie hat, sich selber über sie lustig macht oder so tut, als machte er dies.

Ich habe den Umstand, daß ich lisple und manchmal stottere, geradezu kultiviert und zum Markenzeichen ausgebaut. Wenn ich etwas im Rundfunk sage, merkt jeder: Das ist der Rommel. Andere müssen zunächst einmal zehn Minuten reden, bevor der Zuhörer erkennt, um wen es sich handelt. Solange läßt aber der Rundfunk nur selten einem Politiker das Wort.

Bei der Verwendung von Witzen in der politischen Rede muß man sich aber über eines im klaren sein: Jemand ist immer beleidigt. Man ahnt gar nicht, wieviel Empfindsamkeit es gibt, wenn es sich um die Beurteilung und Verurteilung anderer handelt. Witze sind ausländerfeindlich, frauenfeindlich, behindertenfeindlich, verhöhnen die Kranken, Armen und sind menschenverachtend und geschmacklos. Letztlich gibt es gegen den gesamten Humor Bedenken. *Die Geschichte von dem Ehepaar zum Beispiel, das sich nach der Hochzeitsnacht Geständnisse macht, ist so ein Fall: Sie sagt zu ihm: »Ich muß dir etwas sagen: Ich bin vollkommen farbenblind!« Darauf er: »Dann muß ich etwas sagen: Ich stamme nicht aus Bad Cannstatt, sondern aus Kamerun.«* Dieser Witz, bestens geeignet, um bei Abschluß von Verhandlungen zu illustrieren, daß man sich gegenseitig die Wahrheit gesagt hat, wird immer wieder fälschlich als rassistisch bezeichnet, bloß weil ein Dunkelhäutiger darin vorkommt. Wenn Juden so denken würden, müßte man den ganzen jüdischen Humor abschaffen. Dadurch ginge der Menschheit wertvolles Kulturgut verloren. Wer nichts witzig findet, sondern, wenn er etwas humorvoll Gemeintes hört, mit Grabesstimme erklärt, daß er das nicht witzig finden könne, der hat in der Regel keinen Witz. Ihm fehlt das Organ dafür. Man lasse ihn so, wie er ist und sich selber nicht ins Bockshorn jagen und sich in die selbstquälerische Verfassung bringen, die in dem Spottlied ihren Ausdruck findet: »Oh Salems Jäger, hetzt zur Stund', mich Sündensau mit Gnadenhund. Zieht mir das Gnadenhemmed an, dann bin ich herrlich angetan.«

Im folgenden werden jeweils Lebenssituationen beschrieben und hierzu passende Witze angeführt: Meine Darstellung ist beispielhaft und nicht abschließend. Der verehrte Leser sei aufgefordert, selber zu überlegen, welche Situation zu einem Witz und welcher Witz zu einer Situation paßt. Die Witze habe ich in meinem langen Verwaltungsdasein gehört und notiert. Ich gehe davon aus, daß diejenigen, von denen ich sie gehört habe, sie ihrerseits irgendwo gehört hatten. Es sind auch sehr alte Witze in

Der kleine Redner   der große Redner

meiner Sammlung enthalten, solche, die meine Eltern bereits erzählt hatten, aber diese müssen festgehalten und der Jugend übermittelt werden, damit die Erinnerung an sie nicht mit der alten Generation stirbt.

Recht besehen, gibt es fast keine neuen Witze, sondern nur alte Witze in neuer Kostümierung. Auf erotische Witze habe ich weitgehend verzichtet, nicht aus Prüderie, sondern weil ich ein Schwabe bin und weil die Schwaben die Erotik in das Grobe und Unappetitliche verdrängt haben. Bei Kraftausdrücken bin ich weniger zurückhaltend. Auch auf den schwarzen Humor habe ich nicht verzichtet.

Danksagungen: Unter dieser Rubrik müßte ich eine lange Liste aufführen. Das tue ich nicht, aber einige nenne ich, teils beim Namen, teils nicht: Meinen Freund Ulrich Weber, einige deutsche, amerikanische, französische und schweizerische Freunde, einen Dekan, einen befreundeten Generalkonsul, den früheren Stuttgarter Rechtsreferenten Herbert Roth, meine früheren Sekretärinnen und nicht zuletzt den Landesrabbiner Joel Berger, dem ich versprochen habe, die Witze 15 und 128 nur mit Quellenangabe weiter zu erzählen.

Gedanken im Witz

Der energische Redner

Dem Papier mehr glauben
als dem Leben

1 Ein Fabrikant war gestorben, welcher der
   Bundeswehr verbunden war. Der örtliche
   Kommandeur beauftragt einen Leutnant,
   einen Kranz zu besorgen. Er übergibt
   diesem einen Zettel und sagt: »Tun Sie das,
   was auf diesem Zettel steht, und nichts
   anderes.« Am Tage der Beerdigung
   erscheinen zwei Soldaten mit einem Kranz.
   Auf der einen Schleife steht zu lesen:
   »Ruhe sanft auf beiden Seiten«, auf der
   anderen: »Auf Wiedersehen, wenn der
   Platz noch reicht.«

2 Ein Herr war aufgrund einer Vorladung
   vor dem Amtsrichter in Frauenkleidern
   erschienen. Der Amtsrichter sagte: »Ich bin
   ja allerhand gewohnt, aber den Aufzug, in
   dem Sie hier vor mir stehen, empfinde ich
   als Unverschämtheit.« Daraufhin der Herr:
   »Herr Richter, Sie haben mir das selber
   aufgetragen. Sie haben mir geschrieben:
   ›Sie werden gebeten, in Sachen ihrer
   verstorbenen Frau Mutter zu erscheinen.‹«

3 Ein Zug fährt in den Bahnhof ein. Ein
Reisender spuckt aus dem Zug direkt auf
die Mütze des Bahnhofsvorstehers. Dieser
sagt: »Da haben Sie aber Glück gehabt,
daß Sie meine Mütze getroffen haben.
Sonst hätten Sie 5 Mark zahlen müssen
wegen Verunreinigung des Bahnsteiges.

**Mißverständnis durch Amts- und
Fachsprache**

4 Eine junge Frau wird zum Vormund-
schaftsgericht in einer Kindschaftssache
vorgeladen. Sie bringt ihre jüngere Schwester mit. Der Richter prüft die Personalien
und fragt die jüngere Schwester: »Haben
Sie auch eine Ladung gekriegt?« Daraufhin
diese: »Nein, mich hat er nur in den Hintern gezwickt.«

Durch Nichtstun erfolgreich

5 Ein Herr schreibt an das Ministerium für
Landwirtschaft: »Ich habe gehört, daß man
durch Nichtaufzucht von Schweinen Geld
verdienen kann. Ich bitte um nähere Aus-
künfte. Ich möchte auch in dieses Geschäft
einsteigen und mit der Nichtaufzucht von
hundert Schweinen beginnen. Gegebenen-
falls bin ich bereit, mein Geschäft auf die
Nichtaufzucht von tausend Schweinen
auszuweiten.«

Ein Verhalten jeweils so umdeuten,
wie es paßt

6 Der Großvater betrachtet mit seinem Enkel
ein Photoalbum aus der Jugendzeit. Auf
einem Bild steht der Großvater mit zum
sogenannten »Deutschen Gruß« erhobenem
Arm vor mehreren Menschen. Der Enkel
fragt: »Opa, warum bist du der einzige, der
den Arm hebt?« Darauf der Großvater:
»Das war eine schwere Zeit, ich hab' damals
gesagt: »Leut', Leut', so geht es nicht!«

Ohne Nachzudenken tätig werden

7 Auf dem Stuttgarter Bahnhof, Gleis 11, steht ein vierschrötiger Bahnbeamter. Der Zug nach Karlsruhe fährt gerade ab. Da kommen drei Männer, mit Koffern beladen, auf den Bahnsteig gerannt. Der Beamte packt zwei von ihnen, schiebt sie in den Zug, wirft die Koffer hinterher und sagt zum dritten: »Schade, bei Ihnen hat es mir nicht mehr gereicht.« Dieser erklärt: »Eigentlich habe bloß ich verreisen wollen, die anderen haben mich nur zum Bahnhof gebracht.«

8 Ein Motorradfahrer zieht als Schutz gegen den kalten Wind seine lederne Motorradjacke verkehrt herum an. Er verunglückt. Menschen stehen um ihn herum. Die Polizei erscheint an der Unfallstelle. Der Verunglückte liegt da. Die Polizei erkundigt sich, ob er etwas gesagt oder ob er sich bewegt hätte. Einer erklärt: »Am Anfang schon, aber seitdem wir ihm den Kopf zurecht gerückt haben, seitdem sagt er nichts mehr.«

9 Ein Herr hat an beiden Ohren Brand-
wunden. Der Arzt fragt ihn: »Wie ist
denn das passiert?« Der Patient: »Ich
habe gerade meine Hose gebügelt, da läu-
tete plötzlich das Telefon, und ich habe
aus Versehen das Bügeleisen an mein Ohr
gehalten.« Der Arzt: »Und das andere
Ohr?« Der Patient: »Das ist passiert, als
ich das Rote Kreuz angerufen habe.«

**Wenn schon Verstellung, dann
konsequent**

10 Ein junger Mann, der zur Musterung vorgeladen ist, stellt sich blind. Er tut dies so
gut, daß der Arzt ihm glaubt und ihn für
untauglich erklärt. Hocherfreut geht er
am Abend in das Kino. Da setzt sich
neben ihn ein Herr, den er als den
Musterungsarzt erkennt.
Geistesgegenwärtig fragt er diesen:
»Entschuldigen Sie, mein Fräulein, bin ich
hier in der S-Bahn nach Feuerbach?«

11 Der Chefarzt eines Militärhospitals
    erkundigt sich bei der Oberschwester, ob
    in der Nacht etwas Besonderes los gewe-
    sen sei. Die Oberschwester: »Nein, Herr
    Doktor, nur der Simulant von Zimmer 13
    ist gestorben.«

Verteilungsgerechtigkeit

12 Eine Mutter geht mit ihrem kleinen Sohn
    in eine Vorstellung des Filmes »Ben Hur«.
    Die Christen stehen zitternd in der Arena.
    Die Gatter gehen hoch. Die hungrigen
    Löwen stürzen sich auf die Christen,
    zerreißen sie und fressen sie. Da fängt der
    Sohn furchtbar an zu brüllen. Die Mutter
    verläßt mit ihm sofort die Vorstellung:
    »Gell Kind, das war zuviel für dich.« Der
    Knabe: »Nein, Mutter, aber der kleinste
    Löwe hat keinen Christen gekriegt.«

Umsicht in Geldsachen

13 Ein Mitarbeiter: »Herr Direktor, unser
Kassier ist nicht da.« Der Direktor:
»Sehen Sie mal gleich im Kassenschrank
nach.« Der Mitarbeiter: »Habe ich
schon, da ist er auch nicht.«

14 Eine Dame hebt bei der Bank einen
größeren Betrag ab. Der Kassier zählt ihr
vor: »Fünfhundert, sechshundert, sieben-
hundert.« Da unterbricht ihn die Dame:
»So ist's schon recht. Wenn es bislang
gestimmt hat, wird der Rest auch vollends
stimmen.«

15 Ein polnischer Graf will von einem
jüdischen Geschäftsmann 5 000 Zloty aus-
leihen. Der Kaufmann verspricht, sie zu
bringen. Aber er kommt nicht. Der Graf
fragt ihn: »Warum kamst du nicht?«
Der Kaufmann: »Als ich bin gekommen,
um das Geld zu bringen, hat Ihr Hund so
furchtbar gebellt. Da habe ich mir gedacht,
wie wird der Hund erst bellen, wenn ich
komme, um es wieder zu holen?«

16 Eine Dame erscheint in der Sparkasse:
»Ich möchte mein ganzes Konto
abheben.« Es wird ihr ausgezahlt. Dann
sagt sie: »Jetzt zahle ich es wieder ein,
ich wollte nur einmal nachprüfen, ob
das Geld noch da ist.«

17 Karl zu seinem Freund Max: »Dauernd
will meine Frau Geld von mir!« Max:
»Was macht sie denn mit dem vielen
Geld?« Karl: »Ich weiß es nicht. Ich habe
ihr noch keines gegeben.«

18 Maier: »Was würden Sie als erstes tun,
wenn jemand Ihnen tausend Mark
schenkt?« Müller: »Nachzählen!«

Richtig rechnen

19 Ein Lehrer zu seiner Klasse: »Ihr seid so
schlecht im Rechnen, ich glaube, siebzig
Prozent der Klasse fallen durch. Ein
Schüler meldet sich: »So viele sind wir ja
gar nicht!«

20 Ein Schüler kommt stolz nach Hause:
»Heute war ich im Rechnen der Beste.«
Hast du das richtige Ergebnis herausbe-
kommen?« – »Nein, aber meine
Schätzung kam dem Ergebnis am
nächsten.«

21 Ein Schüler kommt nach Hause: »Heute
haben wir schwierige Rechenaufgaben
gelöst, zum Beispiel sieben mal acht sind
achtundfünfzig.« – »Aber das sind doch
sechsundfünfzig!« – »Das hat unser
Lehrer auch gesagt, aber die Mehrheit
der Klasse hat anders entschieden.«

22 Rechnen in der Grundschule. Aufgabe:
Ein Bauer erntet 33 Zentner Kartoffeln,
12 Zentner verkauft er, 6 Zentner braucht
er für die Aussaat, 2 Zentner ißt er selber,
wieviel Zentner bleiben für die Schweine
übrig? Rechnen in der integrierten
Gesamtschule: Die gleiche Aufgabe mit
dem Zusatz, unterstreiche »Kartoffeln«
und rede mit deinem Nachbarn darüber.

23 Mengenlehre: Wenn aus einer Kasse,
in der 200 Mark sind, 300 entnommen
werden, müssen erst wieder 100 Mark in
die Kasse hineingetan werden, damit
nichts in der Kasse ist.

24 Mengenlehre: Wenn aus einem Raum, in
dem zwei Leute drin sind, drei Leute hin-
ausgehen, muß erst wieder einer hinein-
gehen, damit niemand im Raum ist.

25 Ein Lehrer stellt seinen ABC-Schützen fol-
gende Aufgabe: Ein Mann wird von einem
Hund gebissen und springt vor Schmerz
30 cm hoch. Wie hoch wäre er gesprungen,
hätten ihn zwei Hunde gebissen?

26 Ein Rechenlehrer trifft seinen früheren Schüler, der ihm wegen seiner schlechten Leistun-
gen in Erinnerung geblieben ist. Aus dem
Schüler ist ein erfolgreicher Geschaftsmann
geworden. Nach der Ursache seines Erfolges
gefragt, sagt dieser: »Ich stelle Kisten her.
Das kostet mich drei Mark. Ich verkaufe sie
um fünf Mark. Und von den zwei Prozent
lebe ich einigermaßen.«

27 Quiz im Fernsehen. Der Quizmeister fragt
den Kandidaten: »Wieviel sind sechs mal
sechs?« Der Kandidat: »Vierunddreißig.«
Der Quizmaster: »Schade, beinahe hätten
Sie es herausgebracht.« Da ruft das Publikum: »Gib ihm noch eine Chance!«
Der Quizmaster: »Gut, wieviel sind fünf
mal fünf?« Der Kandidat: »Siebenund-
zwanzig!« Der Quizmaster: »Schade,
schon wieder knapp verfehlt!« Das Publikum: »Gib ihm noch eine Chance!« Der
Quizmaster: »Gut, wieviel sind vier mal
vier?« Der Kandidat: »Sechzehn!« Das
Publikum: »Gib ihm noch eine Chance,
gib ihm noch eine Chance!«

Rechnungsprüfung, Revision

28 Ein Betriebsprüfer kommt zu einem
Kaufmann und fragt ihn: »Haben Sie
keine Buchhaltung?« Der Kaufmann:
»Früher habe ich eine gehabt, aber sie
hat sich nicht bewährt.«

Erfolglos, aber beruhigend

29 Ein Herr kommt zu einem Apotheker und
flüstert diesem ins Ohr: »Ich mache dauernd in die Hose. Haben Sie mir kein
Mittel dagegen?« Der Apotheker gibt ihm
aus Versehen ein Beruhigungsmittel. Nach
ein paar Tagen kommt der Mann wieder
in die Apotheke. Der Apotheker fragt:
»Ist es besser oder passiert es noch?« Der
Herr: »Es passiert schon noch, aber ich
rege mich nicht mehr darüber auf.«

Eselsbrücken oder das nachlassende
Gedächtnis

30 Ein Fremder fragt auf dem Schillerplatz
einen Einheimischen: »Entschuldigen Sie,
ist das der Kupferplatz?« Der Einheimi-
sche: »Nein, das ist der Schillerplatz.« Der
Fremde: »Dann bin ich richtig. Habe ich
gedacht an Schiller, habe ich gedacht an
Lessing. Habe ich gedacht an Lessing, habe
ich gedacht an Messing. Habe ich gedacht
an Messing, habe ich gedacht an Kupfer.«

31 Zwei alte Herren unterhalten sich über den Gartenzaun hinweg. Der eine sagt: »Mein Namengedächtnis läßt stark nach.« Der andere sagt: »Mir sind auch keine Namen mehr eingefallen, aber letzte Woche war ich bei einem Doktor, der hat mir ein paar Tips gegeben, und jetzt fallen mir die Namen wieder ein.« Der andere: »Wie heißt der Doktor?« Der andere: »Warte einen Moment. Wie heißt die schöne Blume, rot oder gelb oder weiß, mit einem langen Stengel, mit Dornen dran?« Der eine: »Meinst du vielleicht eine Rose?« Der andere: »Richtig.« Er wendet sich zum Küchenfenster seines Hauses und ruft: »Rosa, wie heißt der Arzt, bei dem ich letzte Woche gewesen bin?«

Durch Wissenschaft verwirrt

32 Eine Studentin geht zu ihrem Professor: »Sie haben mich in ihrer Vorlesung völlig verwirrt.« Der Professor empfiehlt der Studentin einige Bücher. Nach ein paar

Monaten trifft der Professor die Studentin wieder und fragt: «Sind Sie immer noch verwirrt?« Die Studentin: »Ja, aber auf einem viel höheren Niveau.«

33 Eine Studentin beschwert sich bei ihrem Professor: »Alles, was ich je geglaubt habe, haben Sie zerstört. Sie haben mir aber nichts gegeben, was an seine Stelle treten könnte.« Der Professor: »Herkules wurde beauftragt, die Ställe des Augias zu reinigen, nicht sie aufzufüllen.«

Unbewußt richtig

34 Was ist ein Vakuum? Ich habe es im Kopf, kann es aber nicht sagen.

Auch ohne Lösung erfolgreich

35 Ein Handwerker und ein Professor begegnen sich auf einer Bahnfahrt. Um sich die Zeit zu vertreiben, beschließen sie, sich gegenseitig Rätsel aufzugeben. Damit der

Bildungsunterschied ausgeglichen wird, soll der Handwerker, wenn er es nicht herausbringt, 10 DM zahlen, der Professor aber 30. Der Handwerker fängt an: »Was ist das, es ist sieben Meter lang, zwei Meter breit, hat vier Flügel und summt?« Der Professor zerbricht sich den Kopf, bringt es nicht heraus und gibt sich geschlagen: »Was ist es?« Der Handwerker sagt: »Ich weiß es auch nicht, ich bekomme 20 Mark.«

Reichtum ist ein relativer Begriff

36 Ein Schwabe betritt die Schalterhalle einer Schweizer Bank und sagt mit flüsternder Stimme zu einem Angestellten: »Kann man hier Geld anlegen?« Der Angestellte: »Um wieviel handelt es sich?« Der Schwabe flüstert: »Um zwei Millionen Franken!« Der Angestellte: »Sie können ruhig laut reden. Armut ist in der Schweiz keine Schande.«

Reinen Tisch machen

37 Nach der Hochzeitsnacht sagt eine Dame
zu ihrem Ehemann: »Du, ich muß dir ein
Geständnis machen. Ich bin vollkommen
farbenblind.« Der Ehemann: »Dann muß
ich dir auch etwas gestehen. Ich stamme
nicht aus Bad Cannstatt, sondern aus
Kamerun.«

Allgemeine Mißverständnisse

38 Der Arzt sagt zur Ehefrau: »Ihr Mann
gefällt mir gar nicht.« Die Ehefrau: »Mir
gefällt er auch nicht, aber die Kinder hängen so an ihm.«

39 Der Arzt sagt zu einer alten Patientin:
»Sie gefallen mir gar nicht.« Die Patientin
ist eingeschnappt und meint: »Herr
Doktor, Sie sind auch nicht gerade der
Schönste.«

40 Parkbank. Alte Frau. Neben ihr ein
Jüngling, der Kaugummi kaut. Die Frau:
»Wenn Sie so leise reden, verstehe ich Sie
nicht.«

41 Reisegesellschaft. Ein Herr sinkt todmüde
ins Bett. Aus dem Nebenzimmer dröhnt
durch die Wand hindurch ein lautes
Schnarchen. Er klopft an die Wand. Er
hämmert an sie. Vergebens. Am nächsten
Morgen bemerkt er, daß das Nachbar-
zimmer von einer Dame bewohnt ist. Er
fragt sie: »Haben Sie mein Klopfen heute
nacht nicht gehört?« Daraufhin die
Dame: »Doch, doch, aber ich war so
furchtbar müde. Sonst wäre ich schon
noch rüber gekommen.«

Vorsorglich

42 Ein Mann eilt zum Bahnhof. Die
Fußgängerampel ist rot. Er fragt einen
Polizisten: »Herr Wachtmeister, ich bin in
Eile. Darf ich bei rot über die Straße?«
Der Wachtmeister: »Ja, aber heben Sie

Ihre Arme hoch!« Der in Eile befindliche Mann: »Weshalb?« Der Wachtmeister: »Damit man Ihnen im Krankenhaus leichter das Hemd ausziehen kann.« *Variante:* »Damit man Sie leichter unter dem Auto hervorziehen kann.«

Schlechter Ausgleich

43 Ein Bub ruft: »Vater, sieh mal dort, der Mann hat einen zu kurzen Fuß.« Der Vater: »Sei ruhig, dafür ist der andere um so länger.«

Integration und Synergieeffekt

44 Ein Mann stirbt, der aufgrund seines Lebenswandels nicht hoffen konnte, in den Himmel zu kommen. Aber siehe da, Petrus heißt ihn willkommen. Als er sich gerade an die erfreuliche Überraschung gewöhnt hatte, kommt plötzlich der Teufel und tritt ihn in den Hintern. Sofort beklagt er sich bei Petrus: »Ich dachte, ich

bin hier im Himmel. Was tut der Teufel hier?« Petrus antwortet resigniert: »Lieber Freund, Himmel und Hölle, das haben wir schon lange nicht mehr. Wir haben jetzt das integrierte Gesamtjenseits.«

Glück durch Unglück

45 Eine Frau erzählt: »Mein Mann ist ein Glückspilz. Vor drei Tagen hat er eine Unfallversicherung abgeschlossen, und gestern ist er von einem Lastkraftwagen überfahren worden.«

46 Unfall beim Holzfällen. Einer wird erschlagen, der andere entkommt. Die Gattin des Überlebenden trifft die Witwe: »Wie geht es Ihnen denn?« Die Witwe: »Nicht schlecht, ich bekomme eine Rente von 3000 DM im Monat. »Die Gattin des Überlebenden: »Und mein Dackel (hochdeutsch: Rindvieh) ist davongesprungen!«

47 Freundinnen unterhalten sich. »Wie hast
Du eigentlich Deinen zweiten Mann ken-
nengelernt?« – »Auf die allerromantisch-
ste Weise. Er war der Fahrer des Autos,
das meinen ersten Mann überfahren hat.«

Kosten-Preis-Verhältnis

48 Volksfest. Ein Wirt verkauft Erbsensuppe
für drei Mark den Teller. Plötzlich kommt
mit der Suppenkelle ein Spüllappen zum
Vorschein. Die Gäste sind empört. Doch
der Wirt ruft: »Für drei Mark den Teller
kann ich keine seidenen Unterröcke in die
Suppe hinein schneiden.«

Grenzen der Technisierung

49 Die Hausfrau kündigt dem Dienstmädchen: »Es tut mir leid, aber wir brauchen Sie nicht mehr. Wir haben für alles,
was Sie tun, Maschinen.« Das
Dienstmädchen: »Da wird sich Ihr Gatte
aber schwer umstellen müssen.«

Vorbildliche Gesetzestreue

50 Die Polizei beobachtet, daß ein kleiner Lastkraftwagen alle paar Kilometer anhält, der Fahrer aussteigt und mit der Stange gegen die Plane schlägt. Sie stellt den Fahrer zur Rede. Dieser erklärt: »Ich habe fünf Tonnen Kanarienvögel dabei, wenn nicht ständig zwei Tonnen in der Luft sind, ist mein Fahrzeug überladen.«

Praktisch gedacht

51 Ein Mann zappelt im Neckar und ruft: »Hilfe, ich ertrinke. Ich kann nicht schwimmen.« Ein anderer steht am Ufer und ruft: »Wie heißen Sie?« Der Ertrinkende: »Kräutle, Hilfe!« Der Mann am Ufer: »Wo wohnen Sie?« Der Ertrinkende: »Cannstatt, Badstraße.« Der Mann am Ufer: »Welche Hausnummer?« Der Ertrinkende mit letzter Kraft: »Vier.« Der Mann am Ufer: »Vielen Dank, ich suche schon lange eine Wohnung.«

Auf den eigenen Standort kommt es an

52 Ein Mann zappelt im Neckar und brüllt:
»Hilfe, ich kann nicht schwimmen.« Ein
anderer steht am Ufer und ruft zurück:
»Ich kann auch nicht schwimmen, aber
mache ich deshalb so ein Geschrei?«

Sachwert vor Menschenleben

53 Ehestreit I. Er ist verzweifelt und ruft
aus: »Jetzt habe ich genug. Ich erschieße
mich.« Darauf sie: »Aber gehe hinaus in
die Küche, ich möchte nicht die ganze
Sauerei im Wohnzimmer haben.«

54 Ehestreit II. Sie packt den Waldi und ruft:
»Jetzt stürzen wir uns aus dem Fenster.«
Er: »Halt, der Hund bleibt hier.«

55 Ehestreit III. Er brüllt: »Jetzt gehe ich in
den Wald und hange mich auf.« Daraufhin sie: »Aber nicht in deinem Sonntags-
anzug.«

Gesetzesbrecher

56 Ein LKW nähert sich einer Bahnunter-
führung. Der Fahrer sagt: »Mist, nur
2,80 m zugelassen, wir sind aber 3,20 m
hoch. Der Beifahrer: »Siehst du irgendwo
einen Polizisten?«

Riskante Gleichbehandlung
unterschiedlicher Verhältnisse

57 Ein Mann erscheint im Patentamt. »Ich
habe eine Haarschneidemaschine erfun-
den.« Der Beamte: »Aber die Köpfe sind
doch unterschiedlich groß.« Der Erfinder:
»Vorher schon.«

Zu optimistische Einschätzung
der eigenen Lage

58 Krankenhaus. Ein sehr kranker Patient
wird durch das Wimmern, Jammern und
Stöhnen seines Zimmergenossen arg
gestört. Er läutet nach der Schwester und

fragt sie: »Der Mann stirbt ja. Haben Sie
denn kein Sterbezimmer?« Die Schwester:
»Selbstverständlich, wo glauben Sie, daß
Sie sind?«

Der Irrtum in der Politik

59 Ein prominenter Wahlkämpfer ist im
offenen Wagen unterwegs. Er sieht, wie
eine Frau mit Blumen in der Hand am
Straßenrand steht, läßt sofort halten,
steigt aus, nimmt die Blumen, schüttelt
der Frau die Hand, steigt ein und fährt
weiter. Daraufhin die Frau: »Ich bin froh,
daß er mir wenigstens die Gießkanne
gelassen hat. Ich wollte nämlich auf den
Friedhof.«

60 Der Entwicklungshilfeausschuß fährt
nach Schwarzafrika und kommt in ein
Dorf, wo ein Projekt finanziert werden
soll. Alle Einwohner sind versammelt.
Der Vorsitzende redet: »Wir gehören alle
einer Welt an.« Die Menge ruft:
»Goukra.« »Wir sind gekommen, um

euer Leben zu verbessern.« Die Menge:
»Goukra, Goukra.« Das Mittagessen findet statt. Der Vorsitzende spricht erneut
und schließt seine Ausführungen mit dem
Wort: »Goukra.« Die Anwesenden brüllen vor Begeisterung: »Goukra.« Dann
findet ein Rundgang durch das Dorf statt.
Überall der Ruf: »Goukra.« Der ganze
Ausschuß freut sich. Da sagt der Dolmet-
scher zum Vorsitzenden: »Passen Sie auf
und treten Sie nicht in die Goukra.«

61 Ein frisch in das Amt gekommener
Minister fährt dienstlich nach Afrika
und ist abends bei seinem Kollegen einge-
laden. Er sagt dort einige freundliche
Worte, die aber keine Reaktion auslösen.
Da erhebt sich ein ihm bis dahin unbe-
kannt gebliebener Mann und spricht in
der fremden Sprache. Rauschender Bei-
fall. Mißmutig applaudiert auch er. Da
flüstert ihm der deutsche Botschafter in
das Ohr. »Man applaudiert nicht, wenn
die eigene Rede übersetzt wird.«

Die gute und die schlechte Nachricht

62 Der Arzt betritt das Krankenzimmer. »Ich habe eine gute und eine schlechte Nachricht für Sie. Welche wollen Sie zuerst hören?« Der Patient: »Die schlechte«. Der Arzt: »Ich muß Ihnen beide Beine abnehmen.« Der Patient: »Um Gottes willen, und welches ist dann die gute?« Der Arzt: »Im Nebenzimmer liegt einer, der ist am Erwerb Ihrer Schuhe interessiert.«

63 Ein Vater besucht die Hochschule, wo der Sohn studiert. Der Rektor bittet ihn beiseite und sagt: »Ich habe eine gute und eine schlechte Nachricht. Welche wollen Sie zuerst hören?« Der Vater: »Die schlechte.« Der Rektor: »Ihr Sohn ist schwul.« Der Vater: »Um Gottes willen, und was ist die gute?« Der Rektor: »Er ist gestern nacht zur Maikönigin gewählt worden.«

64 Der Arzt zu seinem Patienten: »Ich habe eine gute und eine schlechte Nachricht für Sie. Welche wollen Sie zuerst hören?« Der Patient: »Die schlechte.« Der Arzt: »Sie haben Alzheimer.« Der Patient: »Um Gottes willen, und was ist die gute?« Der Arzt: »Bis Sie wieder zu Hause sind, haben Sie alles vergessen.«

Verlust an Bildung

65 Der alte Gesundheitsminister hat noch gewußt, wie man Hämorrhoiden schreibt, der neue weiß nur noch, wo sie sind.

66 Der Vater zu seinem Sohn: »Was du weißt, kann dir niemand nehmen. Der Sohn: »Was ich nicht weiß, kann mir auch niemand nehmen!«

67 Die Mutter zu ihrem Jüngsten: »Ich kann rufen, so oft ich will. Du hörst nicht. Was soll nur einmal aus dir werden?« Der Sohn: »Kellner.«

Der praktische Erfolg zählt

68 Ein Pfarrer und ein Busfahrer erscheinen
gleichzeitig am Himmelstor. Petrus fertigt
zunächst den Busfahrer und dann erst den
Pfarrer ab. Der Pfarrer beschwert sich:
»Ich habe mein ganzes Leben lang von
Gott gesprochen und nun wird diesem
Busfahrer der Vortritt eingeräumt.«
Petrus sagt: »Mein lieber Freund, wenn
du von Gott gesprochen hast, sind alle
eingeschlafen. Aber wenn der seinen Bus
gefahren hat, haben alle Fahrgäste zu
Gott gebetet.«

Fehler bei Buchung und Auszahlung

69 Ein Handwerker stirbt mit fünfzig,
kommt in den Himmel und beschwert
sich bei Petrus, daß er so früh hat sterben
müssen. Petrus sieht in den Akten nach
und sagt: »Mein lieber Herr, aus Ihren
Aufschrieben und Rechnungen ergeben
sich so viele Arbeitsstunden, daß Sie min-
destens achtzig Jahre alt sein müssen.«

70 In der Wehrmacht. Der Sold wird ausge-
zahlt. Die Soldaten sind angetreten. Der
Unteroffizier ruft die Namen auf:
»Schmidt.« »Hier!« »Schmitz.« »Hier!«
»Taugwalder.« »Hier!« »Übertrag.« –
Schweigen, niemand meldet sich. Der
Unteroffizier ruft noch mal: »Übertrag!«
und meint: »Komisch, der Mann ist nicht
hier, dabei bekommt er das meiste Geld!«

Fragen des Protokolls und der Lebensart

71 In einer Fraktion im Landtag gilt die
Regel, die Abgeordneten werden nach
dem Alphabet so gesetzt, daß A vorne
und Z hinten sitzt. Ein Abgeordneter
namens »Schlauer« ist damit nicht zufrieden und beschwert sich beim Fraktions-
vorsitzenden. Dieser sagt: »Du solltest
eben »A...« heißen, dann könntest du
vorne sitzen.«

72 Im Kaiserreich. Diplomatenempfang in
   einem Fürstentum auf dem Balkan. Die
   Fürstin ist bekannt dafür, daß sie
   gelegentlich Winde fahren läßt. Das
   geschieht. Der französische Botschafter
   sagt charmant: »Excusez-moi, votre
   Altesse!« Das ärgert den deutschen
   Botschafter und er ruft: »Die nächsten
   zwei Fürze übernimmt die deutsche
   Reichsregierung!«

73 Ein junges Mädchen, das längere Zeit in
   Stuttgart war, kehrt wieder zurück in ihr
   Dorf. Dort wird sie von einem Bekannten
   gefragt, was sie denn in Stuttgart gelernt
   hätte. Sie antwortet: »Bildung und feine
   Lebensart, du Dackel.«

74 Ein Vereinsvorsitzender gratuliert einem
   Mitglied zum Geburtstag mit folgenden
   Worten: »Der Vorstand hat bei zwei
   Gegenstimmen und drei Enthaltungen
   beschlossen, dir zum Geburtstag zu gratu-
   lieren.«

75 Ein Bauarbeiter verunglückt tödlich. Ein
Kollege soll die Unglücksbotschaft der
Witwe überbringen. Er ruft im Hausein-
gang: »Wohnt hier die Witwe Maier?«
Frau Maier antwortet: »Maier heiße
ich schon, aber ich bin keine Witwe!«
Der gemütvolle Kollege: »Wollen wir
wetten?«

76 Hierarchie. Ein Leutnant in der Kaiserzeit
belehrt seinen Zug. Der deutsche Soldat
sei der sauberste der Welt. Soldaten wech-
seln einmal in der Woche das Hemd,
Unteroffiziere zweimal, Offiziere dreimal.
»Noch eine Frage?« Ein Soldat meldet
sich. »Herr Leutnant, wie oft wechseln
Seine Majestät der Kaiser das Hemd?«
Der Leutnant: »Mein lieber Mann, bei
Seiner Majestät, dem Kaiser, da geht es
den ganzen Tag: Hemd an, Hemd aus,
Hemd an, Hemd aus.«

77 Karl schickt seiner Freundin ein Telegramm: »Ich liebe Dich, ich liebe Dich,
Karl.« Der Angestellte bei der Post, der
das Telegramm entgegennimmt, sagt

ihm: »Sie haben noch drei Wörter frei!«
Daraufhin Karl: »Fügen Sie bitte hinzu:
Mit vorzüglicher Hochachtung!«

78 Ein Taxifahrer, der eine Ordensschwester
fährt, behindert einen Kollegen. Dieser
dreht die Scheibe herunter und brüllt:
»Paß doch auf mit deiner Schlampe!« Der
andere dreht ebenfalls die Scheibe herunter und ruft: »Meine Schlampe scheißt
auf dich!« Dann wendet er sich an die
Ordensschwester und sagt: »Gell, Schwester, dem haben wir es aber gegeben!«

Ratenweise Bekanntgabe der Wahrheit

79 Ein Gutsbesitzer telefoniert mit seinem
Verwalter: »War etwas los?« »Der Hund
ist gestorben.« »Warum?« »Weil das
Pferd ihn getreten hat.« »Warum denn
das?« »Weil der Stall gebrannt hat.«
»Wie kam es zu dem Brand?« »Durch
Funkenflug.« »Woher kamen die Fun-
ken?« »Von Ihrem Wohnhaus.« »Wie ist
denn das in Brand geraten?« »Eine Kerze

ist umgefallen.« »Wo um Himmels willen
ist denn die umgefallen?« »Am Sarg Ihrer
Frau.«

Ungewollte oder unwillkommene
Hilfsbereitschaft

80 Pfadfinder sollen jeden Tag eine gute Tat
    vollbringen. Eine Gruppe von Pfadfin-
    dern sagt: »Wir haben eine alte Frau
    über die Straße gebracht.« Der Führer
    der Pfadfinder: »Hat man dazu euch alle
    gebraucht?« Die Gruppe: »Ja, die Frau
    wollte nämlich nicht.«

81 Ein Pfadfinder nennt als seine gute Tat:
    »Ich habe meinen Hund auf eine alte Frau
    gehetzt.« »Das ist doch keine gute Tat!«
    »Doch, sonst hätte sie die Straßenbahn
    nicht mehr bekommen.«

Zu viel verlangt

82 Im Nudistencamp. Ein Herr fragt den
Kellner: »Warum sprechen Sie so undeut-
lich?« Der Kellner: »Und wo soll ich mein
Wechselgeld aufbewahren?«

83 Auf dem Volksfest. Bierzelt. Ein Herr
bestellt ein Brötchen. Nach geraumer Zeit
bringt die Kellnerin dieses. Der Herr sagt:
»Pfui Teufel, das ist ja ganz feucht!« Die
Kellnerin: »So geht's wirklich nicht! In
jeder Hand fünf Bierkrüge, unter dem
Arm zwei Brötchen und nicht einmal
schwitzen dürfen!«

84 Tierhandlung. Der Verkäufer preist die
Qualitäten eines Papageien an. Wenn
man das Bändchen am linken Fuß ziehe,
dann sage er »Guten Morgen« und wenn
man das am rechten Fuß ziehe »Guten
Abend«. Der Kunde: »Und wenn ich an
beiden Bändchen ziehe?« Der Papagei:
»Dann falle ich auf die Schnauze, du
Idiot.«

Wenn der Verstoß gegen die Regel
zur Regel wird

85 Ein Taxifahrer bringt einen Fahrgast zum
Flugplatz. Er überfährt alle roten Ampeln.
Plötzlich ist eine Ampel grün. Der
Taxifahrer bremst scharf. Der Fahrgast
fragt: »Warum bremsen Sie bei grün, aber
nie bei rot?« Der Taxifahrer: »Es könnte
ja ein Kollege kommen.«

Juristischer Rat

86 Ein Taxifahrer muß feststellen, daß ein
betrunkener Fahrgast in seinem Wagen
einen Haufen hinterlassen hat. Er schreibt
dem Juristen seines Verbandes und fragt,
was er tun soll. Der schreibt nach drei
Wochen zurück: »Nach unseren allgemei-
nen Geschäftsbedingungen können Sie
Gegenstände von geringem Wert behal-
ten, wenn binnen einer Woche nach
Beendigung der Fahrt niemand auf sie
Anspruch erhoben hat.«

87 Ein Ballonfahrer kommt in dichten Nebel
und landet auf einer Wiese. Ein Spaziergänger nähert sich. Der Ballonfahrer fragt:
»Wo befinde ich mich hier?« Der Spaziergänger: »Sie befinden sich in einem Bal-
lon.« Der Spaziergänger war ein Jurist.
Warum? Seine Antwort war absolut richtig und absolut unbrauchbar.

88 Zwei Richter sitzen in ihrem Büro. Da
stürzt ein Mann herein und sagt zu einem
von ihnen: »Ihr Hund hat meine Hose zer-
rissen, ich verlange Schadensersatz!« Der
Richter fragt: »Wie viel?« Der Geschä-
digte: »Hundert Mark.« Der Richter zahlt.
Der Mann geht. Der Kollege des Richters
fragt: »Aber du hast doch gar keinen
Hund, weshalb zahlst du?« Der Richter:
»Weißt du, wie die Gerichte entscheiden?«

Unklare Führungsstruktur

89 Zwei Betrunkene fahren heim. Das Auto
    fährt mit kreischenden Reifen um die
    Kurven. Da sagt der eine: »Bist du ver-
    rückt, fahr doch nicht so schnell!« Der
    andere: »Wieso ich, ich dachte du fährst.«

Den einem zustehenden Platz behaupten

90 Ein Mann wird ständig aus einem Wirts-
    haus hinausgeworfen, rappelt sich wieder
    auf, versucht, doch hinein zu kommen,
    wird wieder hinaus geworfen. Ein Passant
    rät ihm: »Gehen Sie doch nicht in dieses
    Bumslokal. Haben Sie das nötig?« Der
    Mann: »Leider ja, ich bin der Wirt.«

91 In Polen in der kommunistischen Zeit.
    Eine lange Schlange steht schon früh mor-
    gens vor einem Laden. Da kommt ein
    kleines Männchen, geht an der langen
    Schlange vorbei und will offenbar als
    erster hinein. Da erwacht der Volkszorn.
    Das Männchen wird gepackt und zurück-

geschoben, bis es am Ende der Schlange steht. Doch das Männchen versucht es wieder. Erneut wird es gepackt, doch da ruft es aus: »Wenn ihr das noch einmal macht, mache ich den Laden heute überhaupt nicht auf.

Glaubensfragen

92 Zwei Pfarrer unterhalten sich. »Wie weit zählst du beim stillen Gebet?« »Bis dreißig.« »Das nenn ich Frömmelei.« »Ich zähle bloß bis zehn.«

93 Ein evangelischer und ein katholischer Pfarrer streiten sich in Glaubensdingen. Schließlich sagt der katholische Pfarrer: »Hören wir doch auf, uns zu streiten, schließlich dienen wir beide dem Herrn, Sie auf Ihre Weise und ich auf seine Weise.«

94 Drei Theologen diskutieren die Frage, wann das Leben beginnt. Der katholische Pfarrer sagt, mit der Zeugung. Der evan-

gelische meint, mit der Geburt. Der Rabbiner erklärt: »Wenn der Hund tot ist und die Kinder aus dem Haus sind.«

95 In der Wüste begegnet der Missionar einem Löwen. Er wirft sich auf die Knie und bittet Gott, dem Tier christliche Gedanken einzugeben. Daraufhin spricht der Löwe laut und deutlich: »Komm, Herr Jesus, sei unser Gast, und segne, was Du uns bescheret hast!«

96 Ein Witz für solche, die alles bewiesen haben wollen und es nicht ertragen können, daß es Dinge gibt, die weder bewiesen noch widerlegt und doch nachweisbar sinnvoll sind: Was ist Philosophie? Die Suche mit verbundenen Augen in einem abgedunkelten Raum nach einer schwarzen Katze. Was ist Metaphysik? Die Suche mit verbundenen Augen in einem abgedunkelten Raum nach einer schwarzen Katze, wenn gar keine Katze da ist. Was ist Religion? Die Suche mit verbundenen Augen in einem verdunkelten Raum nach einer schwarzen Katze, wenn gar keine

Katze da ist und der Suchende plötzlich ruft: »Ich habe sie gefunden!«

Bildungsort Museum

97 Ein Schulkind wurde nach einem Museumsbesuch der Klasse gefragt, welche Eindrücke es gewonnen hätte. Es antwortet: »Es ist halt schön, das alte Gelumpe.«

Unerwartete Erfolge einer Bemühung

98 Lourdes. Plötzlich ruft ein Rollstuhlfahrer aus: »Ein Wunder! Mein Rollstuhl hat neue Reifen!«

99 In der damaligen Sowjetunion. Ein Mann geht zu einem Arzt und fragt diesen, ob er ihm kein Mittel empfehlen könne, denn seine Frau stottere so schrecklich. Der Arzt gibt ihm eine Pille und sagt ihm: »Wenn Ihre Frau zu Hause ist, werfen Sie diese Pille in den Ofen, und dann stottert

Ihre Frau nicht mehr.« Nach einigen Monaten trifft der Arzt den Mann wieder und fragt: »Nun, wie hat meine Pille gewirkt?« Der Mann sagt: »Großartig, in dreifafafacher Hinsicht. Meine Frau stottottert nicht mehr, wir haben eine neue Wohnung, und ich brauche nicht mehr als Papaparteiredner aufzutreten.«

100 Der Patriarch einer großen Familie glaubt, man habe ihm seinen guten Regenschirm gestohlen und meint, es könne nur einer aus der Familie gewesen sein. Er bespricht die Sache mit dem Pfarrer. Dieser empfiehlt ihm, die zehn Gebote vorzulesen, wenn die ganze Familie versammelt ist und genau zu beobachten, ob bei dem Gebot »Du sollst nicht stehlen« einer zusammenzuckt. Wer zuckt, habe ihm den Schirm gestohlen. Nach einiger Zeit trifft der Pfarrer den Patriarchen und sieht zu seiner Freude, daß dieser seinen Regenschirm wieder hat. »Haben Sie also meinen Rat befolgt?« »Ja, aber es ist ganz anders gekommen.« »Wieso anders?« »Als ich zu

dem Gebot kam »Du sollst nicht ehebre-
chen« ist mir eingefallen, wo ich meinen
Schirm habe stehen lassen.«

Lean administration

101 Ein Mann stirbt und wird im Friedhof
aufgebahrt. Die Witwe kommt und klagt
beim Friedhofpersonal: »Sehen Sie nur,
wie ärmlich er da liegt. Und dabei hat er
immer gehofft, in einem Smoking beerdigt
zu werden.« Am nächsten Tag kommt
die Witwe wieder, und siehe da, ihr Mann
hat einen Smoking an. Sie erkundigt sich
bei dem Friedhofpersonal, wie das mög-
lich wurde. Sie erfährt, daß gestern ein
Fabrikant, der keine Angehörigen habe,
verstorben und in einem Smoking einge-
liefert worden sei. Da habe man beschlossen, ihr einen Gefallen zu tun. Die Witwe
meinte, das sei doch viel Arbeit gewesen,
den Smoking aus- und wieder anzuziehen.
Doch sie erhält zur Antwort: »Kein Problem. Wir haben bloß die Köpfe ausge-
tauscht.«

Nach dem Tode nützlich

102 Der Onkel ist gestorben und im Krema-
     torium verbrannt worden. Die Verwandt-
     schaft holt seine Asche ab. Was soll man
     mit der Asche machen? Schließlich wird
     beschlossen: Der kommt in der Küche in
     die Eieruhr, der soll noch etwas arbeiten.

103 Karl: »Ist eure Oma gestorben?« Franz:
     »Ja, schon vor drei Wochen. Wir haben
     sie aber noch eine Zeitlang hinter dem
     Fenster sitzen lassen wegen der Rente.«

Chance und Risiko

104 Ein alter Herr heiratet eine junge Frau.
     »Ob ich wohl noch Nachwuchs erhoffen
     kann?« »Nein, aber befürchten.«

Gutes zur Unzeit

105 Ein Patient sagt in der Sprechstunde: »Oh
Herr Doktor, ich habe einen so fürchter-
lichen Stuhlgang. Jeden Morgen um halb
sieben Uhr geht es los.« Der Arzt: »Sind
Sie froh, andere leiden unter Verstopfung,
die wären froh, wenn sie Stuhlgang hätten.« Der Patient: »Schon recht, Herr
Doktor, aber ich wache immer erst um
sieben Uhr auf.«

Sprachprobleme

106 Ein Liebespaar nachts im Park. Sie: »Was
seufzt du?« Er: »Am liebsten Bier.«

107 Ein Sachse und ein Schwabe stehen
vor dem Eiffelturm. Der Sachse: »Aus
was fiern Maderjal is denn der?« Der
Schwabe: »Aus Gußeise.« Der Sachse:
»Aus Guhscheiße? Ja, hält denn das?«

108 An der Grenze. Der schwäbische Beamte
fragt zwei Ausländer: »Gheret ihr zamme?«
Einer von ihnen antwortet: »Nein, er keh-
ren zusammen. Ich fahren Gabelstapler.«

109 Ein Schwabe bringt sein Auto in die
Waschanlage. Der Garagenbesitzer sagt
ihm: »Bleiben Sie in Ihrem Wagen und
richten Sie sich nach den Schildern.«
Plötzlich erscheint der Schwabe triefnaß.
Der Garagenbesitzer ist entsetzt. »Was
haben denn Sie gemacht?« Der Schwabe:
»Da stand auf einem Schild »Gang raus«
und da bin ich raus gegangen.«

110 Ein schwäbischer Reiseleiter kommt mit
einer Reisegruppe in ein Pariser Nacht-
lokal. Die Empfangsdame fragt ihn:
»Allemand?« Er versteht »alle Ma« und
antwortet: »Nein, bloß ich.«

111 In der ehemaligen DDR. Ein Professor hält
einen Vortrag über Karl Marx. Nach einer
Stunde Diskussion meldet sich ein Arbeiter
zu Wort: »Ich möchte nur eines wissen. Ist
der Marx nun bewohnt oder nicht?«

112 Ein Deutscher in den USA. Restaurant. Er
bestellt Hähnchen. Der Kellner versteht
nicht so recht und fragt: »Chicken?« Der
Deutsche: »Nein, hier essen.«

Sonstige Mißverständnisse

113 Veteranentreffen. Ein Großer und ein
Kleiner gehen zum Pinkeln. Der Kleine
kneift ständig die Augen zusammen.
Der Große: »Auch verschüttet gewesen,
Kamerad?« Der Kleine: »Nein, aber es
spritzt so.«

114 Ein Mann sitzt ganz krumm und schief in
der Straßenbahn. Ein Mitreisender fragt
ihn: »Woher haben Sie das – Krieg?« Der
Mann schüttelt den Kopf. »Unfall?« Der
Mann schüttelt wieder den Kopf. »Ja,
woher denn?« Der Verkrümmte mit trau-
riger Stimme: »Sommerschlußverkauf!«

115 Oberammergau. Festspiele. Der
Hauptdarsteller erkrankt plötzlich. Für
die Szene am Kreuz wird ein Ersatz

gesucht, der dem Hauptdarsteller möglichst ähnlich sieht. Aber es findet sich nur ein Gastarbeiter. Das mache nichts, meint die Regie, denn dieser solle nur sagen: »Es ist vollbracht.« Der Moment kommt. Der Gastarbeiter blickt in die Runde und ruft mit Donnerstimme: »Es ist prachtvoll!«

116 Ein Beamter nähert sich einem Minister. »Herr Minister, der Dollar ist gesunken!« Der Minister: »Hoffentlich konnte die Mannschaft gerettet werden.«

117 Ein Betrunkener will zusammen mit seiner Braut in einen Bus einsteigen. Der Fahrer wehrt sich: »Mit dem Affen kommen Sie hier nicht rein.« Der Betrunkene zu seiner Braut: »Das ist doch unglaublich. Der will dich nicht mitnehmen!«

118 Eine etwas kokette Dame geht zum Beichten: »Herr Pfarrer, ich bin eitel. Ich betrachte mich immer im Spiegel und finde mich sehr schön.« Der Pfarrer:

»Beruhigen Sie sich, meine Tochter. Das ist nicht schlimm. Das ist keine Sünde, sondern bloß ein Irrtum.«

119 In einer Boutique fragt eine Dame den Verkäufer: »Kann ich dieses Kleid da im Schaufenster anprobieren?« »Ich weiß nicht, ob das geht«, antwortet der Verkäufer, »warum probieren Sie das Kleid nicht in einer unserer Kabinen an?«

120 Ein Zuschauer bei einem Radrennen sagt zu seinem Freund: »Ich habe gar nicht gewußt, daß hier Krawattenzwang herrscht.« Der Freund: »Das ist keine Krawatte, das ist dessen Zunge!«

121 Ein junger Mann kommt mit der Bundeswehr nach Somalia. Nach vier Wochen schreibt er nach Hause: »Ich bin bereits HIV positiv.« Der Vater schreibt zurück: »Wir wissen zwar nicht, was das ist, aber das ganze Dorf ist stolz auf Dich.«

Rüstige Alte

122 Drei unterhalten sich. Der Erste: »Mein
Großvater ist achtzig. Er macht noch die
Kehrwoche und kauft ein.« Der Zweite:
»Mein Großvater ist zweiundachtzig und
geht noch zweimal in der Woche zum
Sport.« Der Dritte: »Mein Großvater ist
zweiundneunzig und steigt noch allen
Frauen nach, aber er weiß nicht mehr
warum.«

123 Ein sehr altes Paar erscheint beim
Rechtsanwalt und erklärt: »Wir wollen
uns scheiden lassen.« Der Anwalt meint:
»In Ihrem Alter? Finden Sie nicht, daß das
ungewöhnlich ist?« Das Ehepaar: »Wir
haben uns nie leiden können, wir wollten
nur warten, bis die Kinder tot sind.«

Experimenteller Beweis

124 Ein Lehrer will demonstrieren, wie Rei-
bung Wärme erzeugt. Er fordert seine
Klasse auf, fest die Hände zu reiben, und

fragt: »Was beobachtet ihr in euren
Händen?« Einer meldet sich und sagt:
»Kleine schwarze Würstchen.«

125 Ein Lehrer will demonstrieren, daß Alko-
hol schädlich ist. Er füllt ein Glas mit
Schnaps und ein anderes mit Wasser. In
beide Gläser legt er einen Wurm hinein.
Der Wurm im Schnapsglas ist sofort tot.
Der Wurm im Wasserglas hingegen win-
det sich und scheint sehr lebendig zu sein.
Der Lehrer fragt seine Schüler: »Welche
Erkenntnis gewinnt ihr aus diesem
Experiment?« Einer meldet sich und sagt:
»Wenn wir Würmer haben, müssen wir
Schnaps trinken.«

Übertreibungen vermeiden

126 Ein Kind sagt zu seiner Mutter: »Da
draußen sitzt ein Vogel, der so groß ist
wie ein Hund.« Daraufhin die Mutter:
»Ich habe dir zwanzigtausendmal gesagt,
du sollst nicht so übertreiben.«

127 Ein Politiker macht nach einem Amerika-
aufenthalt große Sprüche. Den Partei-
freunden ist das peinlich. Eines abends
hält er wieder eine Rede und fängt an: »In
Amerika habe ich eine Sporthalle gesehen,
die ist dreihundert Meter lang und zwei-
hundert Meter breit und...« Da tritt ihm
ein Parteifreund auf den Fuß, und er fährt
fort: »...und drei Meter hoch.«

Personalangelegenheiten

128 Ukraine, vor dem Ersten Weltkrieg. Ein
jüdischer Kaufmann gibt am Sabbat 5000
Rubel bei einem Rabbiner in Verwah-
rung. Der Rabbiner sagt, damit alles seine
Ordnung habe, solle ein Mitarbeiter
Zeuge der Übergabe sein. Er kommt. Das
Geld wird übergeben. Am nächsten morgen will der Kaufmann die 5000 Rubel
wieder haben. Der Rabbiner fragt: »Was
für 5000 Rubel?« Der Kaufmann: »Die
ich Ihnen gestern im Beisein Ihres Mit-
arbeiters übergeben habe.« Der Rabbi
ruft den Mitarbeiter: »Hat mir dieser

Herr gestern 5000 Rubel übergeben?«
Der Mitarbeiter sagt, er wisse von nichts.
Der Kaufmann ist erschüttert und geht.
Der Rabbi begleitet ihn und gibt ihm die
5000 Rubel zurück mit der Bemerkung:
»Ich wollte nur mal zeigen, mit welchem
Personal ich arbeiten muß.«

129 Vor einem alten Rathaus aus Fachwerk.
Ein Bürger fragt einen anderen: »Wer
arbeitet hier?« Der andere: »Auf jeden
Fall das Holz.«

130 Der Chef einer Firma auf die Frage, wie
viele bei ihm arbeiten: »Drei Viertel unge-
fähr.«

131 Der Chef einer Behörde zu einem
Mitarbeiter: »Immer, wenn ich Ihr
Zimmer betrete, schlafen Sie. Wie kommt
das?« »Weil Sie Gummisohlen tragen.«

132 Ein Forstbeamter sitzt in einem Wald-
gasthaus, steht aber immer wieder auf
und ruft hinaus: »Das Grüne nach oben!«
Nach dem Sinn seines Tuns befragt,

erklärt er: »Mein Personal ist so vergeß-
lich, wenn ich ihnen nicht immer wieder
sage, wie sie es tun sollen, machen sie
alles falsch.«

Immer jammern

133 Ein Weingärtner jammerte Jahr für Jahr
über die Ernte. Mal fiel sie zu gering aus,
mal waren die Trauben zu sauer, mal fiel
beides zusammen. Eines Jahres war die
Ernte reichlich und qualitätvoll. Doch der
Weingärtner, gefragt, ob er sich hierüber
freue, erwiderte: »Was meinen Sie, wie
das den Boden erschöpft.« Auf schwä-
bisch: »Wie das den Boden schlaucht.«

Gott zwar vertrauen, aber ihn nicht
alleine alles machen lassen

134 Ein Weingärtner hatte ein mit Unkraut
überwuchertes Stück Land in mühevoller
Arbeit in einen Weinberg verwandelt. Als
der Pfarrer vorbeikommt, sagt dieser zu

ihm: »Es ist doch wunderbar, was aus diesem Grundstück dank Ihrer und Gottes Hilfe geworden ist.« Daraufhin der Weingärtner: »Herr Pfarrer, Sie hätten das Grundstück einmal sehen sollen, als es unser Herrgott noch alleine bewirtschaftet hat.«

Vorsichtsprinzip

135 Zwei Frauen sitzen zusammen in der Kirche. Die eine macht ihre Handtasche auf. Die andere bemerkt, daß ein Gebiß drin ist. Sie fragt: »Was ist denn das für ein Gebiß? Du hast deine Zähne doch im Mund.« Die erklärt ihr: »Das sind die Zähne von meinem Mann. Die habe ich vorsichtshalber mitgenommen, damit er, während ich in der Kirche bin, nicht den Sonntagsbraten verschlingt.«

Unglaubwürdige Klage

136 Eine Frau beklagt sich beim Pfarrer über ihren Mann. Sie läßt an ihm kein gutes

Haar. Daraufhin der Pfarrer: »Aber Sie haben mit ihm doch acht Kinder, so schlecht kann das Verhältnis zu Ihrem Mann nicht immer gewesen sein.« Die Frau: »Nun, Herr Pfarrer, was tut man nicht alles in der Wut!«

Innen besser als außen

137 Eine Dame stellt ihrer Freundin ihren künftigen Gatten vor: Glatze, Spitzbauch, O-Beine. Die Freundin meint später: »Etwas schöner hätte er schon sein können.« Die Dame: »Aber er hat eine Seele wie Gold.« Die Freundin: »Weißt du was? Laß ihn wenden!«

138 In Sizilien liegen zwei Mafia-Killer im Straßengraben, um einen Richter zu ermorden, der täglich kurz vor neun dort vorbei in das Gericht fährt. Aber es wird neun, halb zehn, zehn, noch immer kein Richter: »Das verstehe ich nicht«, sagt da einer von ihnen, »hoffentlich ist ihm nichts passiert.«

Golf

139 Zwei Golfspieler sehen, wie sich auf der
am Golfplatz vorbei führenden Straße
langsam ein Trauerzug fortbewegt. Einer
von ihnen legt den Golfschläger weg,
zieht die Mütze und verbeugt sich. Der
andere folgt seinem Beispiel und sagt:
»Ich hätte dir so viel Pietät gar nicht
zugetraut.« Der Pietätvolle bemerkt wür-
dig: »Doch, das gehört sich so, immerhin
war ich mit der Verstorbenen 35 Jahre
glücklich verheiratet.«

Die Befreiung von einer schmerzhaften
Lage gilt als Erleichterung

140 Ein Hundefreund verreist. Er sagt zu seinem Diener: »Machen Sie meinem Pluto
jeden Tag eine Freude.« Der Hundefreund
kommt vorzeitig zurück. Er überrascht
seinen Diener, wie er gerade Pluto am
Schwanz herum wirbelt. Entsetzt ruft er
aus: »Was tun Sie da? Sie sollten doch
Pluto jeden Tag eine Freude bereiten!«

Der Diener: »Das tu ich doch. Was meinen Sie, wie der sich freut, wenn ich ihn wieder loslasse.«

141 Ein Mann sitzt auf einer Bank und jammert: »Meine Schuhe sind so eng, tut das weh!« Einer, der vorbei kommt, hört das und sagt: »Werfen Sie doch Ihre engen Schuhe weg und kaufen Sie sich größere.« Der Jammernde: »Ich denke gar nicht daran. Wenn ich diese Schuhe ausziehe, und der Schmerz nachläßt, das ist meine einzige Freude.«

Musikverständnis

142 Im Cellokonzert. Mutter und der kleine Sohn. Der Sohn flüstert: »Mutter, wenn der Onkel die Geige durchgesägt hat, dürfen wir dann gehen?«

143 Welches ist der Unterschied zwischen einer Geige und einem Cello? Das Cello brennt länger.

Materialprüfung

144 Zwei Angeheiterte gehen nach Hause. Da
sieht der eine von ihnen auf dem Boden
einen Haufen liegen. Er hält an, steckt
den Finger hinein, leckt ihn ab und sagt
zu seinem Freund: »Du, da bin ich aber
froh, daß wir da nicht hinein getreten
sind.«

Hilfsbereitschaft wird ausgenützt

145 Ein Knabe zieht unter Aufbietung aller
Kräfte einen Leiterwagen einen steilen
Berg hinauf. Ein Herr kommt ihm zu
Hilfe und zieht mit. Oben eingetroffen
sagt er: »Wie können deine Eltern es ver-
antworten, einen so kleinen Jungen einen
so schweren Leiterwagen ziehen zu lassen.« Da sagt der Knabe: »Mein Vater hat
gesagt, lauf nur einmal los, da kommt
schon ein Dackel, der dir hilft.«

Leicht zu amüsieren

146 Kaiserzeit. Morgen nach einer langen
Kasinonacht. Ein Leutnant erzählt:
»Gestern nacht bestens amüsiert. Kommt
der Leutnant von Ravenstein, ruft die
ganze Korona: ›Morgen, Herr Oberleutnant!‹ Kommt Oberleutnant von Zitze-
witz, ruft die ganze Korona: ›Morgen,
Herr Hauptmann!‹ Und so jagte ein
toller Witz den anderen.«

147 Bei einem Empfang in der französischen
Botschaft schläft ein älterer Herr immer
wieder ein. Eine junge Dame lacht. Der
Herr sagt: »Mademoiselle, votre mari
sera heureux, vous êtes facile a amuser.«
*Ihr Gatte wird glücklich sein, denn Sie
sind leicht zu amüsieren.*

Lieber das Leben als Geld verlieren

148 Jahrelang hatten sich in einem Dorf der
Schwäbischen Alb die Bauern dagegen
gewehrt, an die öffentliche Wasserver-

sorgung angeschlossen zu werden, und zwar wegen der Kosten. Endlich geben sie nach. Auf die Frage nach dem Grund antworteten sie: »Für uns Bauern wäre das alte Wasser noch gut genug gewesen, aber das Vieh säuft es nicht mehr.«

Geringer Vorteil

149 Was ist besser, vom 15. Stock eines Hochhauses herunter zu fallen oder vom 40. Stockwerk? Antwort: Vom 40., denn dann lebt man länger.

Vorsicht mit Ausreden

150 Er zu seiner Gattin: »Gestern auf dem Betriebsausflug hat mich doch ein Besoffener besabbert.« Die Gattin: »Noch schlimmer, der hat dir auch noch in die Hose gemacht.«

Friseurgespräche

151 Ein Herr erzählt seinem Friseur, daß er eine Reise nach Rom plane, wo er unter anderem an einer Audienz beim Heiligen Vater teilnehmen wolle. Der Friseur erklärte, nach Rom werde er niemals fahren, und bei diesen Audienzen stehe man ganz hinten und sehe den Heiligen Vater kaum. Der Herr fährt trotzdem und kommt nach vier Wochen wieder zum Friseur. Der erkundigt sich, ob es so gewesen wäre, wie er vorausgesagt habe. Der Herr erzählte, nein, so sei es nicht gewesen. Er sei ganz vorne gestanden, habe den Heiligen Vater gesehen, und dieser habe ihm sogar die Hand auf den Scheitel gelegt. Der Friseur fragt, ob er etwas gesagt hätte. Der Herr antwortet, ja, der Heilige Vater hätte gesagt: »Sie armer Mensch, wo haben auch Sie Ihre Haare schneiden lassen?«

152 Während der Unruhen in Polen Ende der
achtziger Jahre wird der sowjetische
Botschafter in Warschau alle vier Wochen
nach Moskau befohlen. Er nutzt seinen
Aufenthalt in Moskau, um dort zum
Friseur zu gehen, und erzählt, während
seine Haare geschnitten werden, wie es in
Polen zugeht. Als er nach vier Wochen
wieder kommt, bittet ihn der Friseur,
doch noch mal zu erzählen, wie es in
Polen ist. Der Botschafter will nicht und
sagt, das habe er doch alles das letzte Mal
erzählt. Doch der Friseur sagt, erzählen
Sie es bitte noch einmal. Wenn Sie das
erzählen, sträuben sich die Haare unserer
Kunden und wir können sie viel leichter
abschneiden.

153 Ein Mann mit einer Narbe geht zum
Friseur, um sich dort rasieren zu lassen.
Während der Rasur fragt der Friseur:
»Waren Sie schon einmal bei uns?«
Antwort: »Nein, die Narbe habe ich vom
Kriege mitgebracht.«

Mißverständnis, Verwirrung
und Alkohol

154 Ein betrunkener Zecher liegt auf dem
Bürgersteig. Ihm nähert sich ein Hund,
der das Hinterbein hebt und ihn bespren-
kelt. Der Zecher murmelt bloß: »Halt,
mir bitte nichts mehr einschenken.«

155 Ein Betrunkener stürzt zu Boden. Eine
mitleidige Seele fragt: »Haben Sie etwas
gebrochen?« Der Betrunkene: »Nein,
noch nicht, aber es wird gleich kommen.«

156 Mit schwerem Kopf wacht ein Mann
nach einem Kneipenbummel auf und stellt
fest, daß er irgendwo seinen Regenmantel
vergessen hat. Dumpf erinnert er sich,
daß er seinen Mantel noch in einer
Kneipe gehabt hat, in der die Abort-
schüsseln aus Kupfer waren. Das kommt
ihm seltsam vor, aber er macht sich auf
den Weg und fragt in jeder Kneipe:
»Entschuldigen Sie, haben Sie Abort-
schüsseln aus Kupfer?« Schließlich wird
er fündig. Als er diese Frage stellt, ruft die

Wirtin ihrem im hinteren Teil der Gast-
wirtschaft beschäftigten Mann zu: »Karl,
komm einmal her. Da ist der, der gestern
in dein Jagdhorn gepinkelt hat.«

Es allen recht machen wollen

157 In einem Mietstreit gibt der Bürgermeister
zunächst dem Mieter und dann auch noch
dem Vermieter recht. Darauf sagt ein
Gemeindeinspektor: »Bürgermeister, Sie
können doch nicht beiden recht geben!«
Der Bürgermeister denkt nach und sagt:
»Da haben auch Sie recht.«

Streit der Generationen

158 Der Vater sagt zu seinem ältesten Sohn:
»Bitte hol mir aus dem ›Adler‹ ein paar
Flaschen Bier.« Der Älteste hat keine Zeit
und verschwindet. Der Vater ärgert sich. Da
sagt der Jüngste: »Vater, reg' dich doch nicht
auf. Jetzt gehst du eben selber und bringst
mir noch eine Schachtel Zigaretten mit.«

159 Der Vater streitet mit seinem Sohn und
sagt diesem: »Was du heute bist, bin ich
schon vor dreißig Jahren gewesen. Weißt
du, was du bist? Du bist ein Rindvieh!«

160 Der Sohn fragt den Vater: »Stimmt es,
daß wir vom Affen abstammen?« Der
Vater antwortet: »Du vielleicht, ich aber
nicht!«

Konsequenz im Irrtum

161 Ein Geisterfahrer fährt auf der Autobahn
von Stuttgart nach Kirchheim. Er hört,
wie im Radio auf dieser Strecke vor einem
Geisterfahrer gewarnt wird. Er schüttelt
den Kopf und meint: »Einer? Tausende!«

Langfristig denken

162 Ein Dorfdepp war dafür bekannt, daß er,
wenn ihm eine Mark und 50 Pfennige
wahlweise angeboten wurden, stets die
50 Pfennige wählte. Die Sommerfrischler

versuchten es immer wieder und freuten sich darüber, daß der Depp so blöd war. Ein Einheimischer sagte schließlich zu ihm: »Du weißt doch auch, daß eine Mark mehr sind als 50 Pfennige?« Der Depp: »Wenn ich nur einmal die Mark nehme, bekomme ich gar nichts mehr.«

Bei der Bahn

163 Ein Reisender rennt auf den Bahnsteig und fragt einen Bahnbediensteten: »Bekomme ich den Zug nach Ulm noch?« Der Bedienstete: »Wenn Sie schnell laufen können, vielleicht. Der ist nämlich vor fünf Minuten abgefahren!«

164 Ein Reisender fragt einen Bahnbediensteten: »Wann kommt der nächste Zug nach Pforzheim?« Der Bedienstete: »In fünf Minuten der Schnellzug, in zwanzig Minuten der Personenzug. Nehmen Sie diesen.« Der Reisende: »Warum?« Der Bedienstete: »Der hält hier.«

165 Der Zug fährt an. Eine Frau fragt: »Herr Schaffner, fährt der Zug schon?« Der Schaffner: »Ja freilich. Glauben Sie, Ihretwegen würden die Häuser vorbei getragen?«

166 Die Schranken sind geschlossen. Ein Radfahrer kommt und will an den Schranken vorbei noch schnell über die Gleise. Der Bahnwärter stürzt heraus und wettert: »Lassen Sie das gefälligst bleiben, gleich kommt der Zug.« Der Radfahrer: »Das kann doch Ihnen egal sein!« Der Bahnwärter: »Und wer putzt den Dreck weg?«

In letzter Konsequenz nein

167 Es war zu der Zeit, als die Geschirrspülmaschine noch nicht auf dem Markt war. Das gebrauchte Geschirr steht in der Küche aufgetürmt. Die Familie beschließt: Wer als erster spricht, muß das Geschirr abwaschen. Der künftige Schwiegersohn kommt. Schweigen. Er führt die Tochter ins Schlafzimmer. Kommt wieder. Schweigen. Er führt auch die ansehnliche Mutter ins Schlafzimmer. Schweigen. Er kommt wieder. Da sagt der Vater: »Da wasche ich lieber ab.«

Kleine Mängel bei der Arbeit

168 Der Bauherr kommt auf die Baustelle. Er ist entsetzt. Er ruft aus: »Was ist denn hier los. Alles ist krumm und schief!« Der Bauleiter: »Es sind eben die Pläne etwas in den Regen gekommen.«

169 Das Gerüst wird abgebaut. Das Haus
stürzt ein. Der Architekt: »Man nimmt
doch das Gerüst erst weg, wenn tapeziert
ist.«

170 Der Schneider hat den Hosenladen aus
Versehen hinten angebracht. Der Kunde
beschwert sich. Der Schneider: »Keine
Angst, das gibt sich beim Bügeln.«

Beweissicherung

171 In der guten alten Zeit. Auf dem Tübinger
Marktplatz streiten sich Marktfrauen.
Eine bewirft die andere mit einem Ross-
bollen, auf norddeutsch Pferdeapfel.
Diese macht gerade den Mund auf. Der
Rossbollen fliegt in den Mund hinein.
Das Opfer sagt mühsam: »Der bleibt
drin, bis die Polizei kommt!«

172 Der Sohn kommt von der Schule heim mit
geschwollener Lippe und blauem Auge.
Der Vater ist entrüstet: »Kennst du wenigstens den Namen des Schülers, der dich so

zugerichtet hat?« Der Sohn: »Nein, aber den Namen bringen wir leicht heraus. Ich habe nämlich dem sein Ohr in der Tasche.«

Britische Gelassenheit

173 Funeral. A gentleman asks his neighbour: »What did the lady in the coffin die of?« Answer: »Nothing serious.« *Beerdigung. Ein Herr fragt seinen Nachbarn: »An was ist die Dame gestorben?« Der antwortet: »An nichts Ernstem.«*

174 In einem Londoner Theater im viktorianischen England. Macbeth, das blutige Stück. Ein Herr sagt auf dem Heimweg zu seiner Gattin: »How different is the family life of our good queen Victoria!« *(Wie anders ist doch das Familienleben unserer guten Königin Victoria!)*

Selbstversuche und Eingriffe

175 Ein General besichtigt eine Kaserne. Er
kommt auch in die Küche und sieht dort
einen Topf mit brauner Flüssigkeit. Er
verlangt einen Löffel und will probieren.
Die ihn begleitenden Offiziere wollen ihn
davon abhalten. Er besteht darauf und
probiert. »Pfui Teufel, schmeckt ja wie
Spülwasser!« »Ist auch Spülwasser.«

176 Der Chef eines Warenhauses hört, wie
ein Verkäufer zu einer Dame sagt: »Ich
habe seit 14 Tagen keine mehr, und ich
bekomme auch keine mehr!« Der Chef
ist empört über die mangelnde Kunden-
nähe des Verkäufers, schaltet sich ein und
sagt zu der Dame: »Selbstverständlich
haben wir das. Sie bekommen es in den
nächsten Tagen zugestellt.« Daraufhin
sagt der Verkäufer: »Chef, das war meine
Freundin. Die fragte mich, ob ich noch
Filzläuse hätte.«

Im rechten Moment
am richtigen Platz sein

177 Gute alte Zeit. Ländliche Sommerfrische. Ein Hotelgast beschwert sich über die vielen Fliegen, die ihn bei seinem morgendlichen Besuch des Abtritts belästigen. Der Wirt rät: »Gehen Sie doch vor dem Essen auf den Abort, dann sind alle Fliegen in der Küche.«

Unterschiede

178 Welches ist der Unterschied zwischen einem Eichhörnchen und einem Klavier? Das Eichhörnchen klettert auf die Bäume und das Klavier ist auch aus Holz.

179 Zur Zeit Breshnews in der Sowjetunion. In einem Restaurant fragt ein Herr seinen Bekannten: »Welches ist der Unterschied zwischen dem Politbüro und einem Krokodil?« Der weiß es nicht. »Das Krokodil hat vier Füße und 36 Zähne, und das Politbüro hat 36 Füße und vier Zähne.«

180 Am Nebentisch sitzt ein Herr, der dieses
Gespräch gehört hat. Er steht auf, kommt
herüber und fragt: »Welches ist der
Unterschied zwischen diesem Tisch und
Ihnen?« Die beiden wissen es nicht.
»Ganz einfach, Sie kommen mit, und
der Tisch bleibt hier.«

Theorie und Praxis

181 Im alten Wien. Die Kapelle spielt ein Stück
von Johann Strauß. Dieser ist anwesend.
Er läßt den Kapellmeister kommen und gratuliert ihm, weil sein Orchester das Stück
so schön gespielt hat. Der Kapellmeister:
»Ja, Herr Strauß, hingeschrieben ist so
was leicht, aber spielen, das ist eine Sau-
arbeit.«

Die Sensation

182 Menschen versammeln sich auf einer
Straße und starren zum Dach eines Hauses hinauf. Ein Herr kommt hinzu. Starrt

auch hinauf. Nach einiger Zeit fragt er:
»Was ist denn hier los?« Sein Nachbar
zuckt die Schultern und sagt: »Der letzte,
der es gewußt hat, ist vor zehn Minuten
gegangen.«

Wo bleibt der praktische Nutzen?

183 In einem kommunistischen Land spricht
ein Parteiredner zu der Belegschaft eines
Betriebes. »Unsere Republik hat dank der
fortschrittlichen Kräfte des Sozialismus
riesige Erfolge erzielt. Unsere Stahlpro-
duktion konnte in den letzten zehn Jahren
um 210 % gesteigert werden, unsere
Traktorenproduktion um 470 %!« Da
ertönt ein Zwischenruf aus dem hinteren
Teil des Saales: »Aber was ist mit Abort-
papier?« Der Redner überhört den Zwischenruf und fährt fort: »Unsere Kolcho-
sen haben nicht weniger als 35 % mehr
Milch produziert und das...« Aber schon
wieder tönt es: »Was ist mit Abort-
papier?« Der Redner wird wütend und
ruft: »Leck mich am Arsch!« Antwort aus

dem hinteren Teil des Saales: »Löst indivi-
duelles Problem, aber was ist mit Massen-
problem?«

Rache muß man kalt genießen

184 Gute alte Zeit. In der Eisenbahn. Ein
Landwirt raucht einen billigen Stumpen.
Ein feiner Herr beschwert sich. »Machen
Sie endlich das stinkende Zeug aus!« Der
Landwirt schweigt und raucht ruhig weiter. Der Herr wird wütend und beleidi-
gend. Der Landwirt schweigt. Schließlich
steigt der Herr aus. Eine Frau sagt zu dem
Landwirt: »Ich bewundere Ihre Selbstbe-
herrschung!« Der Landwirt: »Was soll ich
mich mit dem Herrn streiten, ich habe
ihm inzwischen mit meiner Zigarre zwei
Löcher in den Mantel hinein gebrannt!«

Verwechslung

185 Karl: »Was liest du gerade?« Franz: »Das
Kapital von Karl May!« Karl: »Das ist
doch nicht von Karl May sondern von
Karl Marx!« Franz: »So, ich wundere
mich schon die ganze Zeit darüber,
warum keine Indianer vorkommen.«

186 Zwei Herren unterhalten sich. Der eine
sagt: »Und jeden Monat mache ich
Ölwechsel!« Ein dritter Herr mischt sich
ein: »Was für ein Auto fahren Sie denn?«
»Ich habe kein Auto. Ich habe eine
Pommes frites Bude.«

Wiedervereinigung

187 Unmittelbar nach der Wiedervereinigung.
Westberlin. Schlange vor Aldi. Ein Sachse
schimpft: »Das ist ja wie in der DDR!«
Drei Plätze hinter ihm ein Türke: »Niemand dich gerufen!«

Nicht fremde Schuld auf sich nehmen

188 Im Theater. Hamlet. Gräßliche Aufführung. Das Publikum pfeift und johlt und buht. Dem Hauptdarsteller wird es zu dumm. Er tritt vor und ruft in den Zuschauerraum: »Habe ich vielleicht den Mist geschrieben?«

Keine Details

189 Ein betrunkener Schauspieler torkelt auf der Bühne herum und redet wirr. Die Souffleuse versucht, ihm zu helfen, indem sie ihm den Text seiner Rolle vorsagt. Der Schauspieler faucht in den Souffleurkasten: »Keine Details, welches Stück?«

Keine dummen Fragen stellen

190 Straßburg. Feines Lokal. Ein Ehepaar
bestellt Froschschenkel. Er fragt den Kellner: »Entschuldigen Sie, wozu dienen
diese Schüsselchen mit Wasser und Zitro-
nenscheiben?« Der Kellner: »Darin können Sie Ihre Finger abspülen.« Der
Ehemann schweigt verblüfft. Sie nach
einer Denkpause: »Siehst du, wer dumm
fragt, bekommt eine dumme Antwort!«

191 Einwohnermeldeamt. Ein sehr dickes
Ehepaar erscheint. Der Beamte: »Haben
Sie Kinder?« Das Ehepaar: »Nein, sind
wir vielleicht Akrobaten?«

Ein kleiner Fortschritt ermutigt auch

192 Ein Sonntagsjäger hatte bei der letzten
Treibjagd einen Treiber getroffen. Als er
wieder von einer Treibjagd heimkommt,
fragt seine Frau: »Hast du wieder einen
Treiber angeschossen?« Er. »Leider ja,
aber der hieß wenigstens Fuchs.«

Kommunikation: Hauptsache schnell

193 Manöver in der Kaiserzeit. Der Stab steht
auf einem Hügel. Da reitet ein Melder in
vollem Galopp heran, überspringt einen
Graben, dann eine Hecke, bringt mit
Mühe das Pferd zum Stehen, taumelt aus
dem Sattel, nimmt Haltung an und meldet
mit lauter Stimme: »Herr General,
Meldung vergessen!«

Überfordert

194 Kaiserzeit. Ein Soldat steht in dem Ruf,
zwei Kommißbrote auf einmal verschlin-
gen zu können. Der General will das
sehen. Ein Unteroffizier bringt den
Meisteresser in das Kasino. Nach einem
Brot versagt der Soldat. Der General ist
erstaunt. Fragt, was mit dem Mann los
sei. Der Unteroffizier: »Weiß ich auch
nicht, Herr General. Vor zwei Stunden,
als wir geübt haben, da hat der Mann das
noch gekonnt.«

Rechtzeitig handeln

195 Ein Veterinär soll einer Kuh mit Hilfe
eines Blasrohrs rectal (von hinten) ein
Abführmittel beibringen. Er versucht es
und schwankt nach wenigen Sekunden
totenbleich zur Stalltür hinaus. Vom
Bauern nach der Ursache seines
beklagenswerten Zustandes befragt, antwortet er: »Die Kuh hat zuerst geblasen.«

Hauptsache es funktioniert.
Für was ist Nebensache

196 Französische Revolution. Ein Bayer und
ein Württemberger sollen hingerichtet
werden. Zuerst muß der Bayer auf die
Guillotine. Das Fallbeil bleibt hängen.
Nach altem Brauch läßt man den Bayern
frei. Dann kommt der Württemberger
dran. Doch der brüllt: »Nein, da liege
ich erst dann drunter, wenn das repariert
ist!«

Freud und Leid durch Alkohol

197 Gorbatschows Kampf gegen den Alkohol.
Nachdem Rust mit seinem kleinen
Flugzeug unbehelligt auf dem Roten Platz
gelandet war, fragte Gorbatschow seine
Soldaten: »Wie konnte es passieren, daß
ihr den Rust nicht gesehen habt?« Diese
antworteten: »Genosse Gorbatschow,
früher konnten wir unseren Wodka ganz
offen genießen. Da hätten wir den Rust
gesehen. Aber seit einiger Zeit müssen wir
ihn heimlich unter dem Tisch trinken.
Von dort aus konnten wir den Rust nicht
sehen.«

198 Gorbatschows Kampf gegen den Alkohol.
In einem Büro eines sowjetischen Ministe-
riums. Ein Liebespaar in leidenschaft-
licher Umarmung. Sie zu ihm: »Wollen
wir nicht die Tür abschließen?« Er zu ihr:
»Um Gotten willen, nein. Dann denken
die anderen, wir trinken Wodka!«

199 Ein Norweger erzählt von seiner feucht
   fröhlichen Reise durch Europa. »Ich habe
   das köstliche Bier in München probiert,
   den trefflichen Wein in Stuttgart, den herr-
   lichen Champagner in Reims, aber am
   besten geschmeckt hat mir ein leichter
   Landwein, von dem ich täglich eine ganze
   Flasche trank. Sein Name ist: Courvoisier.«

Mildernde Umstände

200 Mordprozeß. Schwurgericht. Der Vorsitzende fragt die Angeklagte: »Weshalb
   haben Sie Ihren Mann ausgerechnet während der Sportschau erschossen?« Die
   Angeklagte: »Ich konnte nicht anders. Er
   rief dauernd: Nun schieß doch endlich!«

201 Mordprozeß. Schwurgericht. Der Vorsitzende fragt den Angeklagten: »Ich kann
   manches verstehen, aber weshalb haben
   Sie Ihre Frau mit Pfeil und Bogen erschossen?« Der Angeklagte: »Herr Vorsitzender,
   ich wollte doch unsere Kinder nicht
   aufwecken!«

Zeiten des Mangels

202 Nach dem Krieg betritt ein Mann ein
Lokal und fragt: »Was gibt es?« Der Wirt
antwortet: »Was gibt es? gibt es nicht,
höchstens gibt es was? aber auch das gibt
es nicht.«

Der Tod: Pietätvolle und praktische
Gesichtspunkte

203 Eine Witwe will eine Urne kaufen. Eine
gläserne. Der Bestattungsunternehmer
fragt: »Warum denn aus Glas?« Die
Witwe: »Mein Mann hat immer so gerne
aus dem Fenster hinausgeguckt.«

204 Ein Beerdigungsunternehmer stellt zu
Weihnachten fest: »Ich habe eigentlich
gedacht, daß der schlechte Herbst ein
besseres Geschäft bringt.«

205 Auf einem Hof, der einsam hoch in den
Allgäuer Bergen lag, starb der Großvater.
Bei dem Eis und Schnee unmöglich, ihn in
das Tal zur Beerdigung zu bringen. So
brachte die Familie ihn in den Keller. Als
das Wetter wieder günstiger war und
einen Transport erlaubte, trat dann der
Großvater seine letzte Reise zum Friedhof
an. Der Totengräber betrachtet ihn mitlei-
dig: »Euer Opa muß ja furchtbar gelitten
haben, sein Gesicht ist ja ganz verzerrt.«
Der Bauer antwortet: »Nein, der ist ganz
ruhig gestorben, wir haben ihm halt
immer beim Most holen die Laterne in
den Mund hinein gehängt.«

206 In der Schweiz. Ein Herr, der immer fröh-
lich gewesen war, wird zu Grabe getragen. Der Sarg liegt auf einem Wagen, die
Trauergemeinde folgt, angeführt von der
Witwe. Plötzlich hebt sich der Sargdeckel.
Eine Hand erscheint und winkt den
Trauernden zu. Die Witwe eilt zum Sarg,
schiebt die Hand hinein, macht den Sargdeckel zu und ruft: »Mußt du eigentlich
überall das Kalb machen?«

207 Ein Herr will einen Sarg kaufen. Er sieht
den gleichen Sarg in der Auslage des einen
Geschäftes für 800 DM angeboten und in
der Auslage eines anderen, benachbarten
Geschäftes für 1 400 DM. Er betritt dieses
Geschäft und fragt den Verkäufer: »Wie
kommt es, daß der gleiche Sarg bei Ihnen
1 400 DM kostet und in dem Geschäft
gleich nebenan nur 800 DM? Der Verkäufer: »Äußerlich sind die Särge gleich,
aber liegen Sie einmal hinein und stoßen
Sie mit den Ellenbogen, dann werden Sie
den Unterschied kennen lernen!«

208 Ein Kegelbruder, der gerne Leberkäse
gegessen hatte, wird von seinen
Kegelbrüdern zu Grabe getragen. Sie werfen zum Abschied Blumen in das offene
Grab. Doch einer von ihnen wirft 200
Gramm Leberkäse hinunter. Die anderen
sagen: »Der ißt deinen Leberkäse nicht
mehr!« Der eine: »Und eure Blumen stellt
der auch nicht mehr in das Wasser!«

209 Eine Witwe geht nach der Beerdigung
ihres Gatten mit ihren Freundinnen nach
Hause. Sie sagt seufzend: »Ach Gott, nun
weiß ich wenigstens, wo mein Karl nachts
ist.«

Konsum ist Christenpflicht

210 Im alten Württemberg wurde alles aufge-
gessen. Das schuldete man den Hungern-
den in der Welt. Essen durfte nicht wegge-
worfen werden. Die Vertilgung der Reste
war Aufgabe des Familienvaters. Als ein
Familienvater wieder einmal dieser seiner
Aufgabe nachgekommen war, rief der
Sohn voll Bewunderung aus: »Wenn wir
den Vater nicht hätten, müßten wir glatt
eine Sau her tun!«

Die Jugend äußert sich

211 Schulaufsatz, Thema: »Ein Tag daheim.«
Ein Schüler schildert den harten Arbeits-
tag der Mutter und beendet seinen Auf-

satz mit der Behauptung: »Und nachts kam auch noch der liebe Gott.« Vom Lehrer befragt, erklärt der Schüler: »Ich habe ganz deutlich gehört, wie meine Mutter gesagt hat: »Ach lieber Gott, jetzt kommst du auch noch!«

212 Eine Klasse sollte einen Aufsatz schreiben, in dem Gott, die Liebe, die gesellschaftlichen Schichten und die Ungewißheit vorkommen. Eine Schülerin war bald fertig. Sie schrieb: »Mein Gott«, rief die Baronin, »ich bin schwanger und weiß nicht, von wem!«

213 Der Lehrer betritt die Klasse und erklärt: »Heute gibt es ein Fach, das ihr bislang nicht gehabt habt, nämlich Sexualkunde.« Da meldet sich ein kleiner Junge und fragt: »Herr Lehrer, dürfen die, die schon mal gebumst haben, inzwischen auf den Hof zum Spielen?«

214 Ein Bub kommt in die Apotheke und ruft laut: »Eine Packung Fromms Extra bitte!« Der Apotheker wartet, bis nie-

mand mehr im Laden ist, und sagt zu dem Buben: »Erstens, man verlangt so was mit leiser Stimme, zweitens, das ist nichts für Kinder, und drittens, dein Vater soll selber kommen, wenn er so was will!« Daraufhin der Bub: »Erstens hat man mir gesagt, ich soll laut und deutlich sprechen, zweitens weiß ich, daß das nicht für, sondern gegen Kinder ist, und drittens ist das nicht für meinen Vater, sondern für meine Mutter. Die hat nämlich morgen Betriebsausflug!«

215 Vater, Mutter und zehnjähriger Sohn gehen in das Bierzelt. Der Vater bestellt zwei Maß. Da sagt der Sohn: »Und die Mutter? Die trinkt scheint's nichts?«

Unterhaltsame Arbeit

216 Fritz: »Wo arbeitet dein Bruder?« Franz: »Der ist bei der Post und stempelt den ganzen Tag Briefe.« Fritz: »Das muß ja furchtbar eintönig sein!« Franz: »Nein, es gibt jeden Tag ein neues Datum.«

Streitkultur

217 Ein Professor geht in Tübingen spazieren
und verirrt sich in einen Weinberg. Der
dort tätige Weingärtner brüllt: »Saukerle
verreckter, scher dich hinaus aus meinem
Weinberg, sonst schlage ich dir die Füß'
ab, so daß du auf den Stotzen heim laufen
mußt.« Der Professor ist erschrocken:
»Entschuldigen Sie bitte, aber ich habe
nicht gewußt, daß es sich um Privatbesitz
handelt!« Daraufhin der Weingärtner:
»Drum sagt man es Ihnen auch im
Guten!«

Verengte Sicht

218 Ein Mann läßt sich in der Buchhandlung einen Globus zeigen. Er fragt den Verkäufer: »Was ist denn da alles drauf?« Dieser antwortet: »Die ganze Welt!« Der Mann: »Das brauche ich eigentlich nicht, für mich würde ein Globus von Württemberg ausreichen.«

219 Auswandererschiff nach Amerika in Seenot. Die Passagiere wimmern und klagen. Das Schiff droht zu sinken. Da sagt ein Beherzter zu seinem Nachbarn: »Was regen Sie sich so auf, ist das vielleicht Ihr Schiff?«

Konvex und konkav oder Fehleinschätzung der Lage

220 Ein Betrunkener tastet sich an einer Litfaßsäule entlang, umkreist sie mehrmals und fängt an zu brüllen: »Um Gottes willen, total besoffen und auch noch eingemauert!«

Mäßiger Trost

221 Ein Arzt fragt den Patienten: »Können
Sie die Wahrheit vertragen?« Der Patient
bejaht dies. Der Arzt: »In sechs Monaten
sind Sie tot!« Der Patient: »Oh Gott, was
können wir da machen?« Der Arzt: »Stel-
len Sie sofort das Rauchen ein, das Trinken von Alkohol und brechen Sie alle
Beziehungen zur Damenwelt ab.« Der
Patient: »Werde ich dann länger leben?«
Der Arzt: »Nein, aber es kommt Ihnen
länger vor!«

Allgemeine Vergeßlichkeit

222 Camper unterwegs. Sie: »Alles haben wir
dabei, Töpfe, Bratpfanne, Tischtücher,
Teller, nur das Küchenbüffet haben wir
nicht dabei.« Er: »So ein Blödsinn, was
sollen wir hier mit dem Küchenbüffet?«
Sie: »Gut wäre es schon, wenn es hier
wäre, da liegen nämlich unsere Pässe
drauf!«

Es hätte noch viel schlimmer kommen können

223 Ein Stammtischbruder fiel den übrigen Stammtischbrüdern auf die Nerven, weil er immer sagte: »Es hätte noch viel schlimmer kommen können!« Eines Tages geschah in der Nachbarschaft ein furchtbares Unglück. Ein Mann überraschte seine Frau mit ihrem Liebhaber. Aus dem dreizehnten Stockwerk warf er zuerst seine Frau hinaus, dann den Liebhaber, und dann sprang er selber hinterher. Als der Fall in der Stammtischrunde besprochen wurde, sagte der Stammtischbruder wieder: »Es hätte noch viel schlimmer kommen können!« Das löste dann doch Protest aus: »Was hätte da noch schlimmer kommen können? Sie tot, der Liebhaber tot, und der Ehemann auch tot!« Da sagte der Stammtischbruder: »Vor zwei Tagen war nämlich ich dort!

Medien

224 Zeit vor Gorbatschow. Durch Geister-
beschwörung ist es in der Sowjetunion
gelungen, Julius Cäsar und Kaiser Napoleon herbeizurufen, damit sie an der
Parade zum Gedenken der Oktoberrevo-
lution teilnehmen können. Die beiden stehen auf der Tribüne über Lenins Grab. Die
sowjetische Infanterie kommt. Cäsar ist
begeistert. »Mit solchen Truppen hätte ich
Germanien erobert!« Napoleon sagt nichts
und liest in der »Prawda«. Die Panzer rol-
len vorbei. Cäsar gerät fast aus dem Häus-
chen: »Wenn Rom solche Waffen gehabt
hätte, würde sein Weltreich heute noch
bestehen!« Napoleon sagt nichts und liest
weiter. Da wendet sich die sowjetische Führung an ihn und fragt: »Nun, Kaiser Napoleon, was sagen Sie zu unserer Armee?«
Napoleon blickt kurz auf und meint:
»Gute Soldaten habe ich auch gehabt,
aber diese Zeitung, die ist großartig. Hätte
ich solche Zeitungen gehabt, wüßten die
Menschen heute noch nicht, daß ich die
Schlacht von Waterloo verloren habe!«

225 Beruhigende Feststellung: Solange man
    mit dem Fernsehapparat keine Fliegen
    totschlagen kann, wird er die Zeitungen
    nicht verdrängen.

226 Ein Politiker liest in seiner Zeitung, daß
    er verstorben sei. Er regt sich auf und ruft
    einen Redakteur an. Dieser ist nicht sehr
    beeindruckt. Der Politiker regt sich noch
    mehr auf und ruft: »Das ist doch die
    Unwahrheit!« Der Redakteur antwortet:
    »Das ist Pressefreiheit!« Mark Twain
    hat in einem solchen Falle verlautbart:
    »Nachrichten von meinem Tod stark
    übertrieben!«

Die Dialektik des »Ja, aber«

227 Anfrage an Radio Eriwan: »Stimmt es,
    daß dem Kosmonauten Gagarin auf dem
    Roten Platz in Moskau eine große Limou-
    sine geschenkt wurde?« Antwort: »Im
    Prinzip ja, nur handelte es sich nicht um
    den Kosmonauten, sondern um den
    Arbeiter Gagarin, das Ereignis fand auch

nicht auf dem Roten Platz in Moskau
statt, sondern in Kiew in einer kleinen
Gasse, es handelte sich nicht um eine
Limousine, sondern um ein Fahrrad, und
das wurde nicht geschenkt, sondern
gestohlen.«

228 Neue Anfrage: »Stimmt es, daß Genosse
Stalin die Witze sammelt, die über ihn
erzählt werden?« – »Ja, aber er sammelt
auch die, welche sie erzählen.«

Berufswahl

229 Maier: »Soll ich Maler oder Dichter werden?« Müller: »Werden Sie Dichter!«
Maier: »Haben Sie meine Gedichte gele-
sen?« Müller: Nein, aber ich habe Ihre
Bilder gesehen!«

Naturwissenschaften

230 In einem Restaurant ruft ein Gast empört:
»Herr Ober, was schwimmt da in meiner
Suppe?« Der Ober: »Ich kann es Ihnen
beim besten Willen nicht sagen, die Insek-
ten sehen alle gleich aus.«

231 In der Straßenbahn. Eine Frau hat eine
Katze auf dem Schoß. Der Kontrolleur
kommt und verlangt, daß für die Katze
ein Fahrschein gelöst wird. Die Frau will
nicht und weist darauf hin, daß eine
andere Frau eine Schildkröte mit sich
führe und daß für diese offenbar nichts
bezahlt werden müsse. Da erklärt der
Kontrolleur: »Da gibt es schon einen
Unterschied. Die Katze ist ein Hund, und
die Schildkröte ist ein Insekt!«

Geschäftliche Risiken

232 Ein Stotterer betritt eine Vogelhandlung
voller Papageien und sagt: »Ich möchte
gegegerne einen Papapageien...« Da

unterbricht ihn der Ladenbesitzer: »Ich
flehe Sie an, verlassen Sie sofort mein
Geschäft. Sie verderben mir die ganze
Ware.«

233 Ein recht adretter Mann bewirbt sich in
einem Betrieb. Der Chef fragt ihn nach
seinem Namen. Er antwortet: »Fritz
Feierabend.« Der Chef: »Dann kann ich
Sie nicht einstellen. Jedesmal, wenn ich
Sie rufe, gehen alle nach Hause.«

Die Anweisungen nicht befolgt

234 Ein Mann sagt traurig zu einem Arzt: »Sie
haben mir versichert, daß meine Frau
durch die Arznei, die Sie ihr verschrieben
haben, wieder gesund wird, und nun ist
sie gestern gestorben.« Der Arzt: »Wie
lange hat sie die Arznei genommen?« Der
Witwer: »Fünfzehn Tage.« Der Arzt:
»Sehen Sie mal, sie hätte auf mich hören
sollen. Ich habe ihr gesagt, sie soll sie
einen Monat lang nehmen!«

Saure Trauben oder: Trockene Weine

235 Der Wein von Tübingen steht im Rufe,
daß er Löcher in den Magen ätze, der von
Reutlingen, daß er die Löcher wieder
zusammen ziehe.

236 Es heißt, daß in der freien Reichsstadt
Reutlingen jeder zum Tode Verurteilte
sich dadurch frei trinken konnte, daß er
einen ganzen Humpen Reutlinger Wein
leerte. Eines Tages stand wieder ein Delin-
quent unter dem Galgen, der Humpen
wurde ihm gereicht. Er kostete und rief
aus: »Um Gotten willen, nix wie nuff!«
(»Nichts wie hinauf!«)

237 In Reutlingen und in Tübingen war es
immer ein Problem, die Trauben zu zer-
quetschen, damit der Traubensaft hinaus
gepreßt werden kann. Einst gastierte ein
Zirkus in Reutlingen, und die Woingärt-
ner fragten den Zirkusdirektor, ob er
nicht seine Elefanten zur Verfügung stel-
len könnte, damit diese die Trauben zer-
treten. Der Zirkusdirektor erfüllte diesen

Wunsch. Im nächsten Jahr war der Zirkus
wieder zur Zeit der Weinlese in Reutlingen. Wieder fragten die Weingärtner den
Zirkusdirektor, ob nicht seine Elefanten
für sie tätig sein könnten. Doch der
Zirkusdirektor erklärte kategorisch:
»Das kommt nicht in Frage. Meinen
Elefanten tun noch vom letzten Jahr
die Füße weh!«

238 Vater und Sohn gehen abends spazieren.
Eine Sternschnuppe erscheint. Der Vater
sagt: »Da lügt einer!« Am nächsten
Abend gehen sie wieder spazieren. Da
sieht man nicht nur Sternschnuppen, sondern es blitzt und donnert. Da sagt der
Vater: »Jetzt wird gerade unsere Zeitung
gedruckt!« oder: »Heute abend wird der
Bundeshaushalt diskutiert!« oder »Heute
findet die Hauptversammlung der Firma
XY statt!«

Schlechtes Gedächtnis

239 Eine Dame fragt in einem Hotel beim
Empfang: »Ist mein Mann schon da? Wir
haben Zimmer 317.« Die Empfangsdame:
»Wie ist Ihr Name, gnädige Frau?« Die
Dame: »Müllert oder Mielert oder so
ähnlich.«

Eine Pleite für einen Erfolg halten

240 Zwei Sonntagsjäger kommen von der
Jagd heim. Schlechte Stimmung. Keiner
spricht. Die Ehefrau des einen will sie auf-
heitern und sagt: »Nun macht doch kein
so finsteres Gesicht, immerhin ist doch
euer Rucksack ganz schön schwer!« Der
Ehemann: »Sei bloß ruhig, da ist der
Hund drin!«

Schlagfertig

241 Ein pensionierter General trifft einen
alten Kameraden. Er erkundigt sich: »Wie

geht's Ihrer verehrten Gattin?« Da fällt
ihm ein, daß diese ja schon längst verstorben ist, und er fügt hinzu: »Ruhen wohl
immer noch auf demselben Friedhof?«

Vielseitig verwendbar

242 Ein Bonner Politiker stürzt sich in ein
Taxi. »Fahren Sie los!« Der Taxifahrer:
»Wohin?« Der Politiker: »Egal, ich werde
überall gebraucht.«

Alternative

243 Eine Tochter kommt heim vom
Rendezvous. Der Vater fragt: »Was war
denn das für ein Herr, mit dem du gestern
nacht so lange unterwegs warst?« Die
Tochter: »Ich weiß es auch nicht. Entweder war der Schäfer oder Pfarrer. Er
hat nämlich gesagt: ›Diesmal bleibst du
noch ungeschoren, aber das nächste Mal
mußt du dran glauben!‹«

Kleine, aber wichtige Erfolge

244 Die Mannschaft eines Schwimmklubs
kommt heim: »Preise haben wir keine
gewonnen, Sieger sind wir nicht geworden, aber es ist wenigstens niemand
ertrunken!«

Luftfahrt

245 Flug nach Amerika. Der Flugkapitän
erklärt über Lautsprecher: »Dieses ist
mein letzter Flug. Dann gehe ich in
Pension. Ich würde gern zum Abschluß
noch einen Looping machen. Es kann
Ihnen nichts passieren. Sie brauchen sich
nur anzuschnallen. Und Sie haben ein ein-
maliges Erlebnis. Sind Sie einverstanden?«
Die Passagiere brüllen begeistert: »Ja!«
Der Looping findet statt. Der Flugkapitän
fragt: »Sind Sie alle glücklich?« Die Passagiere: »Ja!« Da geht die Toilettentür
auf. Ein kleines Männchen erscheint völlig verstört und ruft: »Ich aber gar nicht!«

246 Flug von Frankfurt nach New York. Der
Flugkapitän erklärt über Lautsprecher:
»Leider ist eines unserer Triebwerke ausgefallen. Unsere Ankunft in New York
wird sich um eine halbe Stunde verspäten.« Nach einigen Minuten gibt der
Flugkapitän eine weitere Erklärung über
den Lautsprecher ab: »Leider ist auch ein
zweites Triebwerk ausgefallen. Unsere
Ankunft in New York wird sich um ein-
einhalb Stunden verspäten.« Es vergeht
eine halbe Stunde, dann spricht der
Flugkapitän erneut über den Lautsprecher: »Es tut mir furchtbar leid, aber ein
weiteres Triebwerk ist ausgefallen. Kein
Problem, aber wir werden zweieinhalb
Stunden später als vorgesehen in New
York landen.« Da sagt ein alter Passa-
gier zu seiner Frau: »Wenn das so weiter
geht, bleiben wir den ganzen Tag hier
oben.«

247 Tag der offenen Tür einer Kunstflugstaffel
auf einem kleinen Flugplatz. Ein Farmer
mit seiner Frau klettert in die Maschine.
Das Ehepaar ist sehr redselig. »Da liegt

unsere Farm!« »Nein, das ist nicht unsere Farm! Die ist da drüben.« »Unsinn, hier ist sie, ich sehe sogar unsere Kühe!« »Das sind nicht unsere Kühe.« Dem Piloten wird es zu dumm: »Halten Sie endlich den Mund, ich muß mich konzentrieren!« Die beiden schweigen. Der Pilot macht einen Looping. Eine Schraube. Kein Ton. Er landet. Da sagt der Bauer: »Vorhin, als meine Frau herausgefallen ist, da hätte ich beinahe etwas gesagt!«

Leider kein Wunder

248 Wallfahrtskirche. Eine Frau kommt heraus und ruft: »Jetzt kann ich wieder laufen!« Ein Neugieriger nähert sich ihr und fragt: »Haben die Heiligen geholfen?« Die Frau: »Nein, aber mein Fahrrad ist mir wieder gestohlen worden!«

Sozialismus oder Fernsicht und Nahsicht

249 Ein Russe erklärt: »Sozialismus ist wie eine Schiffsreise auf stürmischem Meer. Der Horizont ist herrlich. Aber wo man ist, da ist es zum Kotzen.«

Bibelfest

250 Kaiserzeit. Reitunterricht bei der Kavallerie. Der Unteroffizier sagt zu einem Rekruten: »Sie sitzen auf dem Gaul wie weiland Iphigenie auf Tauris!« Der Rittmeister hört das und meint: »Unteroffizier, es ist ja schön, daß Sie sich in der Bibel so gut auskennen, aber Jottes Wort jehört nun mal nich auf die Reitbahn!«

Justiz mit Sehstörungen

251 Der Richter schielt. Drei Angeklagte stehen nebeneinander. Der Richter fragt den ersten. »Wie heißen Sie?« Der zweite antwortet: »Müller, Jakob!« Der Richter:

»Ich habe Sie nicht gefragt.« Der dritte:
»Ich habe auch nichts gesagt!«

Fast erfüllte Prophezeiung

252 Eine Dame befragt eine Wahrsagerin.
Diese prophezeit ihr, daß sie heiraten und
drei Kinder haben werde. Nach drei
Jahren trifft die Dame die Wahrsagerin
wieder. Diese fragt: »Ist das eingetroffen,
was ich Ihnen vorausgesagt habe?« Die
Dame: »Teilweise schon. Die drei Kinder
habe ich, aber auf den Ehemann warte
ich immer noch!«

Glück gehabt

253 Kaiserzeit, Schnellzug nach Berlin. Ein
Hauptmann im Abteil. Eine Dame steigt
zu und setzt sich aus Versehen auf dessen
Mütze. Sie entschuldigt sich. Der Hauptmann: »Da haben Gnädigste Glück
gehabt. Wollte eigentlich die Pickelhaube
mitnehmen.«

Zwischenrufe

254 Ein Redner will das Wort ergreifen. Da
ruft ihm einer zu: »Sag alles, was du
weißt, das wird nicht lange dauern!« Der
Redner: »Ich sage alles, was wir beide
wissen, das dauert keine Sekunde länger!«

255 Ein Redner ergreift das Wort und spricht
ziemlich leise. Ein Mann, der ganz hinten
sitzt, brüllt: »Ich verstehe kein einziges
Wort!« Da erhebt sich einer, der in der
ersten Reihe sitzt und ruft zurück: »Ich
verstehe jedes Wort, bin aber sofort
bereit, mit Ihnen den Platz zu tauschen!«

Zum Schluß kommen

256 Im Berner Großrat soll einmal ein Redner
seine Ausführungen wie folgt beendet
haben: »Es wäre noch viel zu sagen, wenn
man nur wüßte was.«

Nachwort
Über Manfred Rommel und seine Witze

Manfred Rommel ist im Mai 1997 im Frank-
furter Römer mit dem Heinz Herbert Karry-
Preis als eine Persönlichkeit ausgezeichnet worden, »die sich durch Wort, Schrift oder Handeln
mutig und engagiert für das Gedeihen und den
Ausbau unseres freiheitlichen, demokratischen
und sozialen Rechtsstaates« eingesetzt hat und
noch einsetzt.
In seiner Laudatio zitierte der Politologe G. W.
Wittkämper von der Universität Münster die
Briefe »Über die ästhetische Erziehung des Menschen«, in denen Friedrich Schiller schon 1795
die Gefahr beschrieben hat, »daß allmählich das
einzelne konkrete Leben vertilgt« wird, »damit
das Abstrakt des Ganzen sein dürftiges Dasein
friste, und ewig bleibt der Staat seinen Bürgern
fremd, weil ihn das Gefühl nicht findet«.
Genau dagegen ist Manfred Rommel in seinen
Reden stets angegangen, vor allem in seinen
Sprüchen und Gedichten, die nach Meinung

von Professor Wittkämper mehr sind als Aphorismen, eben eine Therapie gegen die Entfremdung von Staat und Bürgern und zudem »eine glänzende Widerlegung« des so häufig beklagten (bierernsten) »teutonischen Stils«. So ist auch Rommels Empfehlung zu verstehen, deutsche Reden, vor allem politische Reden durch Witze aufzulockern. Er hat das selbst immer wieder mit großem Erfolg getan und öffnet in diesem Bändchen das Schatzkästchen seiner gesammelten Witze zur gefälligen Bedienung: »Ich gehe davon aus,« sagt er in seinem Vorwort, »daß diejenigen, von denen ich sie gehört habe, sie ihrerseits irgendwo gehört hatten.«

Ulrich Frank-Planitz